PORTUGUESE GRAMMAR

By

RAUL D'EÇA

Formerly Department of Romance Languages
The George Washington University

and

ERIC V. GREENFIELD

Formerly Professor of Modern Languages
Purdue University

 BARNES & NOBLE BOOKS

A DIVISION OF HARPER & ROW, PUBLISHERS

New York, Hagerstown, San Francisco, London

This book was originally published under the title AN OUTLINE OF PORTUGUESE GRAMMAR.

First BARNES AND NOBLE BOOKS edition published 1947.
ISBN 0-06-460185-4
86   10   9   8   7   6   5   4

PREFACE

Portuguese Grammar is an adaptation of *Spanish Grammar* by Eric Greenfield, also in the Barnes & Noble Outline Series. Its chief objectives are to identify, explain, and exemplify the high points of Portuguese grammar, and through persistent repetition in abundant reading and translation exercises, to implant a basic vocabulary of 680 words. The fundamental keynotes of this book are simplicity and repetition.

In the preparation of this outline, certain general ideas have been given special emphasis. Thus, for instance, each of the thirty-six lessons in this book is devoted, in so far as possible, to one prime unit of Portuguese grammar. A small vocabulary of 680 words is used. As yet, no graded Portuguese word list has been published similar to Buchanan's Graded Spanish List. Nevertheless, the 680 words herein included have not been arbitrarily chosen. An effort has been made to include the most essential words which will enable the student to express himself both in composition and in conversation.

Likewise, as far as possible, in the presentation of the grammatical materials, the general principle has been followed of beginning with the simplest and proceeding gradually to the most complex points. Verbs are treated in as simplified a manner as possible. Instead of loading the student with several lessons of dry and confusing explanations, examples are given of the various mutations and radical-changing verbs. Complete conjugations are also given of three pattern regular verbs, of the auxiliary verbs — ser, estar, ter, haver — and of twenty-three most important irregular verbs.

The authors wish to express hearty gratitude to Dr. and Mrs. Roger R. Walterhouse of the Barnes & Noble staff for their kindly aid and constructive criticism.

Raul d'Eca

E. V. Greenfield

TABLE OF CONTENTS

INTRODUCTION

I. PRONUNCIATION. The Portuguese language is spoken in Portugal and Brazil. Although the language as spoken in Portugal and in Brazil is essentially the same, there are many differences of vocabulary, pronunciation, and syntax between the two forms of speech. These differences are of such a nature that the student of Portuguese intending to deal mainly with Brazilians should, from the outset, endeavor to learn the Brazilian pronunciation and vocabulary. In the present *Portuguese Grammar* the Brazilian pronunciation, vocabulary, and syntax are stressed.*

The pronunciation of any foreign language is acquired principally through imitation and practice. It is impossible to learn the Portuguese pronunciation well exclusively from books, since no letter of the Portuguese alphabet has exactly the same pronunciation as in English. In the explanations that follow the Portuguese pronunciation has been symbolized in English as closely as possible.

There are twenty-three letters in the Portuguese alphabet; that is to say, all those found in the English alphabet except *k*, *w*, and *y*. These three letters are used only in foreign names and in certain nouns of foreign origin.

1. *Vowels.* The names and sounds of the Portuguese vowels are the following:

*The orthography adopted is that of the rules published in the number of the Brazilian *Diário Oficial* for May 4, 1943, under the terms of President Vargas' decree No. 5186, of January 13, 1943, confirmed in the convention signed between the Brazilian and Portuguese governments on December 29, 1943. The provisions of this convention were modified by the orthographic agreement for the unity of the Portuguese Language as embodied in the Protocol of the Orthographic Conference of Lisbon, dated October 6, 1945, together with its Complementary Conclusions and Analytic Basis, published in the *Diário Oficial* for December 8, 1945. Since then further simplification of the Portuguese orthography has been agreed upon by the two governments.

1

a (*ah*) It has three sounds: open as in father — pá (*pah*), classe (*clah'-se*), gato (*gah'-too*); dulled as the final "a" in Asia — para (*pah'-ra*), garota (*gah-ro'-ta*), mata (*mah'-ta*); and nasal (see Nasalization).

e (*eh*) It has four sounds: open as in pepsin — pé (*peh*), reto (*reh'-too*), médico (*meh'-dee-koo*); close as in éclair, which will be symbolized by a[y]** — pedir (*pa[y]-deer'*), saber (*sah-ba[y]r'*), apetecer (*ah-pa[y]-ta[y]-sa[y]r'*); dulled as in be — classe (*clah'-se*), universidade (*oon[g]-nee-va[y]r-see-dah'-de*), pede (*peh'-de*); and nasal (see Nasalization).

i (*ee*) It has three sounds: acute as "ee" in feet — mito (*mee'-too*), apito (*ah-pee'-too*), colibrí (*koh-lee-bree'*); dulled as the "i" of the final syllable of critic — dizer (*dee-za[y]r'*), sábio (*sah'-beeoo*), quási (*kooah'-zee*); and nasal (see Nasalization).

o (*oh*) It has four sounds: open as in opera — mó (*maw*), cópia (*kaw'-peea*), sòmente (*saw-men[g]'-te*); close as the "o" of the "mo" syllable in motor — motor (*mo-tor'*), notar (*no-tahr'*), atordoar (*ah-tor-doahr'*); dulled at the end of the word, as "oo" in goose — amado (*ah-mah'-doo*); novo (*noh'-voo*), rico (*ree'-koo*); and nasal (see Nasalization).

u (*oo*) It has three sounds: acute as "oo" in moo — pluma (*ploo'-ma*), busca (*boos'-ca*), estuda (*a[y]s-too'-da*); grave as in put — tribu (*tree'-boo*), pular (*poo-lahr'*), puser (*poo-zehr'*); and nasal (see Nasalization).

2. *Consonants.* The names and sounds of the Portuguese consonants are the following:

b (*ba[y]*) Similar to English "b" — beber (*ba[y]-ba[y]r'*), acabar (*ah-cah-bahr'*), baba (*bah'-ba*).

c (*sa[y]*) Similar to English "c" in come before "a," "o," or "u" but not quite so explosive — cama (*cun[g]'-ma*), comer (*con[g]-ma[y]r'*), cume (*cun[g]'-me*); and as in science before "e" and "i" — cético (*seh'-tee-koo*), cinco (*sin[g]'-koo*), ciência (*see-en[g]'-seea*). With a cedilla (ç — *sa[y]-dee'-ll[i]a*) it sounds like "c" followed by "e" or "i" — caçar (*kah-sahr'*), açougue (*ah-so'-ghe*), açude (*ah-soo'-de*). The cedilla is never used with "c" followed by "e" or "i."

ch (*sa[y]-ah-gah'*) Similar to "sh" in Shubert — chamar (*shah-mahr'*), achar (*ah-shahr'*), machado (*mah-shah'-doo*).

** The letters in brackets should not be pronounced. They are here used better to indicate the sound of the preceding letter or letters.

d (*da[y]*) Similar to English "d" — dado (*dah'-doo*), distância (*dees-tun[g]'-ssea*), adido (*ah-dee'-doo*).

f (*eh'-fe*) Similar to English "f" — frio (*free'-oo*), falta (*fahll'-ta*), francês (*frun[g]-sa[y]s'*).

g (*ja[y]*) Similar to English "g" in give before "a," "o," or "u" — agora (*ah-goh'-ra*), gozar (*go-zahr'*), gutural (*goo-too-rahl'*); and before "e" or "i," as English "s" in the words pleasure and measure — gigante (*gee-gun[g]'-te*), agente (*ah-gen[g]'-te*), gengiva (*gen[g]-gee'-va*).

h (*ah-gah'*) It is always silent in Portuguese — hotel (*oh-tell'*), há (*ah*).

j (*joh'-ta*) Similar to English "s" in the words pleasure and measure — jantar (*jun[g]-tahr'*), jirafa (*jee-rah'-fa*), júbilo (*joo'-bee-loo*).

l (*eh'-le*) Similar to English "l" in let at the beginning of the syllable — leito (*lay'-too*), alegrar (*u-lu[y]-grahr'*), ali (*ah-lee'*); slightly more palatal than in English at the end of the syllable — Argel (*ahr-gehll'*), cordel (*cohr-dehll'*), missal (*mee-sahll'*).

lh (*eh'-le ah-gah'*) Similar to English "ll" in brilliant — brilho (*bree'-ll[i]o*), milho (*mee'-ll[i]o*), alho (*ah'-ll[i]o*).

m (*a[y]m'-me*) Similar to English "m" in met at the beginning of the syllable — tomar (*ton[g]-mahr'*), minuto (*meen[g]-noo'-too*), amar (*un[g]-mahr'*). Notice the nasal sound which it gives to a preceding vowel whether it belongs to the same syllable or not (see Nasalization).

n (*a[y]n'-ne*) Similar to English "n" in net at the beginning of the syllable — nadar (*nah-dahr'*), animal (*un[g]-nee-mahll'*), natal (*nah-tahll'*). Notice the nasal sound which it gives to a preceding vowel whether it belongs to the same syllable or not (see Nasalization).

nh (*a[y]n'-ne ah-gah'*) Similar to English "n" in canyon and Spanish "ñ" — aninhar (*un[g]-nee-n[y]ahr'*), dinheiro (*deen[g]-n[y]ay'-roo*), senhor (*se-n[y]or'*).

p (*pa[y]*) Similar to English "p" but not quite so explosive — pagar (*pah-gahr'*), apreciar (*ah-pra[y]-seeahr'*), apontar (*ah-pon[g]-tahr'*).

q (*ka[y]*) Similar to English "q" but not quite so explosive. It is always followed by "u" — aquele (*ah-ka[y]'-lle*), aquoso (*ah-kooaw'-zoo*), quantia (*kooun[g]-tee'a*).

r (*a[y]r'-re*) Similar to a very carefully pronounced English "r" — agora (*ah-goh'-ra*), trabalhar (*trah-bah-ll[i]ahr'*), era (*eh'-ra*). When double, "rr," it is stronger — êrro (*a[y]'-rroo*), irritar (*ee-rree-tahr'*), arrogante (*ah-rro-gun[g]'-te*).

s (*eh'-se*) Similar to English "s" in *s*ome when the beginning of the word — santo (*sun*[*g*]'*-too*), sítio (*see'-teeoo*), sagrado (*sah-grah'-doo*) — and when double "ss" — isso (*ee'-soo*), posso (*poh'-soo*), assado (*ah-sah'-doo*); similar to English "s" in ro*s*e in the middle of the word and at the beginning of a syllable — rosa (*roh-za*), resina (*ra*[*y*]*-zee'-na*), peso (*pa*[*y*]'*-zoo*) — except after "r" or "n," when it sounds like initial "s" — perseguir (*pa*[*y*]*r-sa*[*y*]*gheer'*), consentir (*con*[*g*]*-sen*[*g*]*-teer'*). At the end of a syllable it sounds like English final "s" in hat*s* — casas (*cah'-zas*), fuzis (*foo-zees'*), pescar (*pa*[*y*]*s-cahr'*). In some sections "s" at the end of a syllable is pronounced slightly as "sh."

t (*ta*[*y*]) Similar to English "t" in *t*ime but not quite so explosive — vista (*vees'-ta*), tinta (*teen*[*g*]'*-ta*), atirar (*ah-tee-rahr'*). In some sections "t" followed by "i" or "e" with sound of "i" is pronounced as "tch" in the English word ma*tch.*

v (*va*[*y*]) Similar to English "v" in di*v*e — viver (*vee-va*[*y*]*r'*), atavio (*ah-tah-vee'-o*), vário (*vah'-ree-o*).

x (*shees*) It has five sounds: similar to English "sh" in *Sh*ubert — xarope (*shah-roh'-pe*), enxada (*en*[*g*]*-shah'-da*), luxo (*loo'-shoo*); similar to English initial "s" as in *s*imilar — máximo (*mah'-see-moo*), aproximar (*a-proh-see-mahr'*), auxílio (*aoo-see'-leeo*); similar to English "z" in *z*enith — exame (*a*[*v*]*-zun*[*g*]'*-me*), exato (*a*[*y*]*-zah'-too*), êxito (*a*[*y*]'*-zee-too*); similar to English "s" at the end of a syllable in hat*s* — exceder (*a*[*y*]*s-sa*[*y*]*-da*[*v*]*r'*), texto (*ta*[*y*]*s'-too*), cálix (*kah'-lees*); and similar to English "x" in the word fi*x*ation — afixar (*ah-fee-ksahr'*), fixo (*fee'-ksoo*), convexo (*con*[*g*]*-veh'-ksoo*).

z (*za*[*y*]) Similar to English "z" in *z*eal at the beginning of the syllable — zelo (*za*[*y*]'*-loo*), fazer (*fah-za*[*y*]*r'*), zinco (*zeen*[*g*]'*-koo*); and similar to final "s" at the end of the syllable — feliz (*fa*[*y*]*-lees'*), perdiz (*pa*[*y*]*r-dees'*), fiz (*fees*).

3. *Diphthongs*. The letters of Portuguese diphthongs retain their individual phonetic value, and although they are pronounced together in one single emission of sound, one of them is always stressed more than the other.* They may be classified into oral, nasal, and semidiphthongs.

(*a*) Oral Diphthongs

---

* The stressed syllable is herein indicated by ('') and the stressed letter of a diphthong by (') when they do not coincide.

ai *(ah'-ee)* — mais *(mah'-ees)*, pais *(pah'-ees)*, vaidade *(vah'-ee-dah''-de)*.

au *(ah'-oo)* — mau *(mah'-oo)*, pau *(pah'-oo)*, pauta *(pah'-oo-ta)*.

ei *(a[y]'-ee)* —rei *(ra[y]'-ee)*, grei *(gra[y]'-ee)*, móveis *(moh''-va[y]'-ees)*; *(eh'-ee)* — papéis *(pah-peh'-ees)*, réis *(reh'-ees)*, anéis *(ahn-neh'-ees)*.

eu *(a[y]'-oo)* — teu *(ta[y]ʳ-oo)*, perdeu *(pa[y]r-da[y]'-oo)*, europeu *(a[y]'-oo-ro-pa[y]''-oo)*; *(eh'-oo)* — céu *(seh'-oo)*, troféu *(tro-feh'-oo)*, véu *(veh'-oo)*.

iu *(ee'-oo)* — viu *(vee'-oo)*, partiu *(pahr-tee'-oo)*, riu *(ree'-oo)*.

oi *(o'-ee)* — foi *(fo'-ee)*, bois *(bo'-ees)*, sois *(so'-ees)*; *(oh'-ee)* — dói *(doh'-ee)*, herói *(e-roh'-ee)*, corrói *(ko-roh'-ee)*.

ou *(o'-oo)* — dou *(do'-oo)*, pousar *(po'-oo-zahr'')*, açoutar *(ah-so'-oo-tahr'')*.

ui, ue *(oo'-ee)* — fui *(foo'-ee)*, druida *(droo'-ee-da)*, contribui *(con[g]-tree-boo'-ee)*.

(b) Nasal Diphthongs (see Nasalization)

(c) Semidiphthongs

ea *(a[y]a')* — áurea *(ah''-oo-rea')*, plúmbea *(ploon[g]''-bea')*, **área** *(ah''-rea')*.

eo *(eoo')* — níveo *(nee''-veoo')*, cesáreo *(sa[y]-zah''-reoo')*, plúmbeo *(ploon[g]''-beoo')*.

ia *(eea')* — glória *(gloh''-reea')*, Itália *(ee-tah''-leea')*, constância *(con[g]s-tun[g]''-seea')*.

ie *(ee e')* — série *(seh''-ree e')*, espécie *(a[y]s-peh''-see e')*, efígie *(a[y]-fee''-jee e')*.

io *(eeoo')* — vário *(vah''-reeoo')*, canário *(cah-nah''-reeoo')*, lírio *(leeh''-reeoo')*.

oa *(oa')* — mágoa *(mah''-goa')*, páscoa *(pahs-koa')*.

ua *(ooa')* — água *(ah''-gooa')*, guarda *(gooahr'-da)*, frágua *(frah''-gooa')*.

ue *(ooe')* — equestre *(a[y]-kooes'-tre)*, exangue *(a[y]-zun[g]''-gooe')*, tênue *(teh''-nooe')*.

ui *(ooee')* — acuidade *(ah-kooee'-dah''-de)*, equino *(a[y]-kooee'-noo)*, sanguíneo *(sun[g]-gooee''-neoo')*.

uo *(ooaw')* *(oooh)* — fátuo *(fah''-toooh')*, aquoso *(ah-koook'-zoo)*, quota *(kooaw'-ta)*.

4. *Triphthongs.* Groups of three vowels are found in some Portuguese words. They are always read as a diphthong plus a vowel or a vowel plus a diphthong and for that reason many authorities deny that there are true triphthongs in

Portuguese. The most common triphthongs are the following:

eai (*e-ah'-ee*) — leais (*le-ah'-ees*).

eia (*ay'-a*) — meia (*may'-a*).

iei (*ee'-ay*) — vivíeis (*vee-vee'-ays*), and
(*ee-eh'-ee*) — fiéis (*fee-eh'-ees*).

iau (*ee-ah'-oo*) — miau (*mee-ah'-oo*).

oei (*o-ay'*) — poeira (*po-ay'-ra*).

uai (*oo-ahee'*) — iguais (*ee-goo-ah'-ees*).

uei (*oo-ay'*) — averigueis (*ah-va[y]-ree-goo-ays'*).

5. *Hiatus*. Hiatus, that is, the pronunciation of two vowels without forming a diphthong, occurs sometimes in Portuguese, as shown in the following examples:

ae (*ah-a[y]*) or (*ah-eh*) — baeta (*bah-a[y]'-ta*), aéreo (*ah-eh'-reoo*).

ai (*ah-ee*) — saída (*sah-ee'-da*).

ao (*ah-oh*) — aorta (*ah-ohr'-ta*).

au (*ah-oo*) — saúde (*sah-oo'-de*).

ea (*a[y]-ah*) — teatro (*ta[y]-ah'-troo*).

ee (*ee-a[y]*) — reeleger (*ree-a[y]-la[y]-ja[y]r'*).

ei (*a[y]-ee*) — ateísta (*ah-ta[y]-ees'-ta*).

eo (*a[y]-o*) — teologia (*ta[y]-o-lo-jee'-a*).

ia (*ee-ah*) — sabia (*sah-bee'-a*), sabiá (*sah-bee-ah'*).

ie (*ee-eh*) or (*ee-a[y]*) — hierofante (*ee-eh-ro-fun[g]'-te*), piedade (*pee-a[y]-dah'-de*).

io (*ee-oo*) (*ee-o*) — rio (*ree'-oo*), miolo (*mee-o'-loo*).

iu (*ee-oo*) — ciúme (*see-oo'-me*).

oa (*o-a*) — lagoa (*lah-go'-a*).

oe (*o-a[y]*) or (*o-eh*) — coelho (*ko-a[y]'-ll[y]o*), poeta (*po-eh'-ta*).

oo (*o-oo*) or (*oo-o*) — voo (*vo'-oo*), álcool (*ahll'-coo-ohl*).

ua (*oo-a*) — tua (*too'-a*).

ue (*oo-a[y]*) — pirueta (*pee-roo-a[y]'-ta*).

ui (*oo-ee*) — jesuíta (*ja[y]-zoo-ee'-ta*).

uo (*oo-oo*) — averiguo (*ah-ve[y]-ree-goo'-oo*).

6. *Nasalization*. The nasal sound of the vowels in certain words is typical of the Portuguese language. This sound is difficult to symbolize in English. It is herein indicated by a vowel, "n," and "g" in brackets — un[g], en[g], een[g], on[g], oon[g] — and it is meant to be pronounced as if the reader were going to pronounce those letter combinations in English, stopping short of the "g." The nasalization occurs in nasal diphthongs and combinations of vowels with "m" or "n." In the first case the nasalization is ordinarily indicated by a tilde (~) over the vowel.*

(*a*) Nasal Diphthongs

ãe (*un[g]'-e*) — mãe (*mun[g]'-e*), pães (*pun[g]'-es*).

ão (*un[g]'-oo*) — mão (*mun[g]'-oo*), saberão (*sah-ba[y]-run[g]'-oo*).

õe (*on[g]'-e*) — põe (*pon[g]'-e*), anões (*ah-non[g]'-es*).

ui (*oo'-een[g]*) — It occurs only in the two words — mui (*moo'-een[g]*) and muito (*moo'-een[g]-too*). The tilde is not used in this case.

(*b*) Nasal Sound with "m" or "n"

am, an (*un[g]*) — tampo (*tun[g]'-poo*), tanto (*tun[g]'-too*). When "am" comes at the end of the word it is pronounced as (*un[g]'-oo*) — amam (*un[g]''-mun[g]'-oo*).

em, en (*en[g]*) — tempo (*ten[g]'-poo*), tento (*ten[g]'-too*). When "em" comes at the end of the word it is pronounced as (*ayn[g]*) — também (*tun[g]-bayn[g]'*).

im, in (*een[g]*) — tímpano (*teen[g]'-pah-noo*), tinta (*teen[g]'-ta*).

om, on (*on[g]*) — tombo (*ton[g]'-boo*), tonto (*ton[g]'-too*).

um, un (*oon[g]*) — tumba (*toon[g]'-ba*), dundum (*doon[g]-doon[g]'*).

An "m" or "n" gives the preceding vowel a nasal sound even when it does not belong to the same syllable — anônimo (*un[g]-non[g]'-neen[g]-moo*).

7. *Stressing of Syllables.* Only one syllable is stressed in Portuguese words. Words ending in a vowel, in "s," in "am," or in "em" have the stress on the syllable before the last — casa (*kah'-za*), livros (*lee'-vroos*), contam (*con[g]'-tun[g]oo*), dizem (*dee'-zayn[g]*). Words ending in any other letter have the stress on the last syllable — anel (*ah-nehll'*), contar (*con[g]-tahr'*), feliz (*fa[y]-lees'*), atum (*ah-toon[g]'*), capim (*kah-peen[g]'*). However, words ending in diphthong with or without "s" have the stress on the last syllable — contei (*kon[g]-tay'*), subiu (*soo-bee'-oo*), lavou (*lah-vo'-oo*), sabeis (*sah-bays'*), morreu (*mo-ra[y]'-oo*). If any other syllable is to be stressed, an accent must be used to indicate that except when ending in "i,"

* As a rule the tilde (~) also indicates the stressed syllable.

"u," "is," or "us," which are normally stressed — peru (*pa[y]-roo'*), Pará (*pah-rah'*), Itamarati (*ee-ta-ma-ra-tee'*), também (*tun[g]-bayn[g]'*), índex (*een[g]'-dehks*), fácil (*fah'-seell*), ginástica (*jee-nahs'-tee-ka*), régua (*reh'-gooa*), adolescência (*ah-do-la[y]s-cen[g]'-seea*), avó (*ah-vaw*), avô (*ah-vo'*), ipê (*ee-pa[y']*), cajus (*kah-joos*), quatis (*kooah-tees'*).

II. Written Accents. Four accents are used in Portuguese: acute (´), grave (`), circumflex (^), and tilde (~). These accents are used for two purposes: first, to indicate the stressed syllable; second, to indicate an open — (´) and (`) — close — (^) — or nasal — (~) — sound of the vowels upon which they are used.

avó (*a-vaw'*), avô (*a-vo'*), sòmente (*soh-men[g]'-te*), irmão (*eer-mun[g]'-oo*).

It is to be noted that the grave accent (`) indicates an open sound but not a stressed syllable, whereas the acute accent (´) indicates an open sound as well as a stressed syllable: prática (*prah'-tee-ca*), pràticamente (*prah-tee-cun[g]-men[g]'-te*).

The following are the principal rules concerning the use of written accents:

(*a*) Words accented on the third syllable from the last take the acute (´) accent indicating an open sound, or the circumflex (^) accent, indicating a close sound — pássaro (*pah'-sa-roo*), pêssego (*pa[y]'-sa[y]-goo*).

(*b*) Verbal forms with the stress on the last syllable or ending in vowel when the final "i," "s," or "z," is dropped and monosyllabic words ending in open "a," "e," or "o," either followed or not by "s," take the acute accent (open sound), or the circumflex accent (close sound) — fí-lo (*fee'-loo*), pô-lo (*po'-loo*), fazê-lo (*fah-za[y]'-loo*), amá-lo (*ah-mah'-loo*), há (*ah*), pés (*pehs*), pó (*paw*).

(*c*) Words stressed on the last syllable and ending in a vowel except "i" or "u" not preceded by diphthong, followed or not by "s," take the acute or circumflex accent — jacá (*jah-kah'*), cafés (*kah-fehs'*), tupi (*too-pee'*), enxó (*en[g]-shoh'*), você (*vo-sa[y]'*), caju (*kah-joo'*), Piaui (*pee-ah-ooee'*).

(*d*) The acute accent is placed over "e" or "o" of the

diphthongs "ei," "eu," and "oi" when pronounced with an open sound — fiéis (*fee-eh'-ees*), chapéus (*schah-peh'-oos*), sóis (*soh'-ees*).

(*e*) Words of more than one syllable ending in stressed "em" or "ens," take an acute accent on the "e" — vinténs (*veen[g]-tayn[g]s'*), também (*tun[g]-bayn[g]'*), contém (third person singular of present indicative of conter) (*con[g]-tayn[g]'*). The third person plural of the present indicative of ter and vir, and derived words, receives a circumflex accent on the "e" — têm (*tayn[g]'-ayn[g]*), vêm (*vayn[g]'-ayn[g]*), contêm (*con[g]-tayn[g]'-ayn[g]*). It should be noted that the third person plural of the present indicative of crer, dar, ler, ver, and derived words takes the circumflex accent on the "e" of the stem — crêem (*cra[y]'-ayn[g]*), dêem (*da[y]'-ayn[g]*), lêem (*la[y]'-ayn[g]*), vêem (*va[y]'-ayn[g]*).

(*f*) The grave accent is used to indicate the contraction of the preposition "a" with the article "a" or "as" and the demonstratives "aquele," "aquilo" — à (*ah*), às (*ahs*), àquele (*ah-ka[y]'-le*), àquilo (*ah-kee'-loo*). It is also used to indicate the open sound of a vowel in an adverb with the stress in another syllable — sòmente (*soh-men[g]'-te*), sùbitamente (*soo-bee-ta-men[g]'-tee*), àvidamente (*ah-vee-da-men[g]'-te*). Note that cortês makes cortêsmente (*cor-ta[y]s-men[g]'-te*), sêco makes sêcamente (*sa[y]-cah-men[g]'-te*), etc.

(*g*) Whenever two vowels which ordinarily form a diphthong are to be pronounced separately, an accent must be used on the second letter to indicate that — país (*pah-ees'*), paúl (*pah-ooll'*), peúga (*pa[y]-oo'-ga*), ciúme (*see-oon[g]'-me*), moído (*mo-ee'-doo*), ruído (*roo-ee'-doo*). If the two vowels are followed by "mb," "nd," or "nh," or, at the end of the word, by "m," "r," or "z," no written accent is used — Coimbra (*ko-een[g]'-bra*), ainda¨ (*a-een[g]'-da*), rainha (*rah-een[g]'-n[y]a*), ruim (*roo-een[g]'*), cair (*ka-heer'*), raiz (*ra-hees'*).

(*h*) Words of more than one syllable ending in a nasal vowel or diphthong, or in any other diphthong followed or not by "s," or in any consonant, when stressed on the one before the last syllable, will take an acute accent on the vowel of the stressed syllable — órgãos (*ohr'-gun[g]oos*), órfã (*ohr'-fun*[g]), fáceis (*fah'-says*), mártir (*mahr'-teer*), açúcar (*ah-soo'-cahr*), sílex (*see'-lehcs*).

III. CAPITALIZATION AND PUNCTUATION. The rules of capitalization and punctuation are similar to those observed in English. However, the first person of the personal pronoun (*eu*); the names of weekdays and months; the names of languages; and the adjectives of nationality are not capitalized in Portuguese. The following marks of punctuation are used:

(.) ponto final (*pon*[g]*'-too fee-nahll'*)

(,) vírgula (*veer'-goo-la*)

(;) ponto e vírgula (*pon*[g]*'-too ee veer'-goo-la*)

(:) dois pontos (*do'-ees pon*[g]*'-toos*)

(?) ponto de interrogação (*pon*[g]*'-too de een*[g]*-ta*[y]*-ro-gah-sun*[g]*'-oo*)

(!) ponto de exclamação (*pon*[g]*'-too de a*[y]*s-klah-mah-sun*[g]*'-oo*)

(*) asterisco (*ahs-ta*[y]*rees'-koo*)

(—) travessão (*trah-va*[y]*-sun*[g]*'-oo*)

(. . .) reticência (*ra*[y]*-tee-sen*[g]*'-seea*)

(" ") aspas (*ahs'-pas*)

( ) parênteses (*pah-ren*[g]*'-te-zes*)

(-) hífen (*ee'-fen*[g])

(') apóstrofo (*ah-pohs'-tro-foo*)

IV. DIVISION OF SYLLABLES AND LIAISON. The division of syllables in Portuguese takes place in accordance with the pronunciation. The following rules are observed in this regard:

(*a*) In general, a consonant between vowels is written with the second vowel — ca-sa, me-mó-ria, te-mor.

(*b*) A double consonant between vowels is separated — ser-ra, is-so, pes-soa.

(*c*) Two different consonants between vowels are ordinarily separated — cam-po, par-tiu, sem-pi-ter-no.

(*d*) However, certain combinations of two different consonants, such as *lh*, *ch*, *nh*, *ps*, and a consonant followed by *l* or *r*, are written together — tra-ba-lho, a-che-gar, ni-nho, psi-co-lo-gia, a-bla-ti-vo, a-ca-bru-nha-do.

(*e*) Groups of three consonants between vowels are ordinarily divided so that the first consonant is written with the vowel that precedes them and the other two are passed over to the following vowel — com-pra, sem-pre, mem-bro.

(*f*) Two consecutive vowels are written together, whether they form a diphthong or not — rai-nha, quei-xo, rea-brir.

(*g*) The groups *gu* and *qu* are always written together — á-gua, a-qui-lo, a-quo-so, a-gui-lhão.

(*h*) In the division of syllables prefixes are not considered as such — e-xér-cito, des-cer, de-sen-tra-nhar, dis-tri-bui-ção.

In reading or speaking liaison is established between the final *l, r, s, x,* or *z* of a word with a vowel at the beginning of a following word. No liaison is established between a final *m* and a following vowel — mil aves (*meella'-ves*), mês atrasado (*ma[y]-za-tra-zah'-doo*), amar o próximo (*a-mah-roo proh'-see-moo*), Félix e eu (*feh'-lee-ze-a[y]'-oo*), feliz aquele (*fa[y]-lee-zah-ka[y]'-le*), também há (*tun[g]-bayn[g]'-ah*).

V. Reading Exercises

De um   dos cabeços   da Serra   dos Órgãos
dee-oon[g] doos kah-ba[y]'-soos dah seh'-rra doo- zohr'-gun[g]oos
desliza   um   fio   de água   que se dirige   para
da[y]s-lee'-za oon[g] fee'-oo de ah'-gooa ke   se dee-ree'-je pah'-
o   norte   e   engrossando   com   os   manan-
roo nohr'- te en[g]-gro-sun[g]'-doo con[g] oos mun[g] nun[g]-
ciais,   que recebe   no seu   curso   de dez
see-ah'-ees, ke   ra[y]-seh'-be noo sa[y]'-oo koor'-soo de dehs
léguas,   torna-se rio   caudal.
leh'-gooas, tohr'-na-se ree'-oo kah'-oo-dahll.

É o Paquequer: saltando   de cascata   em
eh oo pah-ka[y]-ka[y]r: sahll-tun[g]'-doo de kahs-kah'- tayn[g]
cascata,   enroscando-se   como   uma   ser-
kahs-kah'-ta,   en[g]-ros-kun[g]'-doo-se kon[g]- moon[g]-ma sa[y]r-
pente   vai   depois   se espreguiçar   na várzea
pen[g]-te, vah'-ee da[y]-po'-ees sees-pra[y]-ghee-sahr' nah vahr'-zeea
e embeber   no Paraíba   que rola   majes-
e en[g]-ba[y]-ba[y]r' noo pah-rah-ee'-ba ke roh'-la mah-ja[y]s-
tosamente   em   seu   vasto   leito.
toh-zah-men[g]'-te ayn[g] sa[y]'-oo vahs'-too lay'-too.

Dir-se-ia que vassalo e tributário desse
deer-see-ee'-a ke vah-sah'-loo e tree-boo-tah'-ree-oo da[y]-se
rei das águas, o pequeno rio, altivo e
ray dah- zah'-goo-as, oo pa[y]-ken[g]'-noo ree'-oo, ahll-tee'-voo e
sobranceiro contra os rochedos, curva-se
so-brun[g]-say-roo kon[g] -tra oos ro-sha[y]'-doos, coor'-vah-se
humildemente aos pés do suserano.
oo-meell-de-men[g]'-te ah'-oos pehs doo soo-za[y]-run[g]'-noo.
Perde então a beleza selvática:
pehr'-de- en[g]-tun[g]'-oo ah ba[y]-la[y]-za sehl-vah'-tee-ka:
suas ondas são calmas e serenas
soo'-a- zon[g]'-das sun[g]'-oo kahll'-ma- ze sa[y]-ren[g]'-nas
como as de um lago, e não se revol-
kon[g]-moo- as de- un[g] lah'-goo, e nun[g]'-oo se ra[y]-vohll'-
tam contra os barcos e as canoas que
tun[g]oo kon[g]'-tra- oos bahr'-koo- ze ahs kun[g]-no'-as ke
resvalam sobre elas: escravo submisso,
ra[y]s-vah'-lun[g]oo so-bre- eh-las: a[y]s-crah'-voo soob-mee'-soo,
sofre o látego do senhor.
soh'-fre- oo lah'-ta[y]-goo doo see-n[y]or'.

Não é neste lugar que ele deve ser
nun[g]'-oo eh na[y]s'-te loo-gahr' ke- a[y]-le deh'-ve sa[y]r
visto: sim três ou quatro léguas acima de
vees'-too: seen[g] tra[y]- zo kooah'-troo leh'-gooa- za-see'-ma de
sua foz, onde é livre ainda, como o
soo'-a faws, on[g]'-de- eh lee'-vre- ah-een[g]'-da, kon[g]'-moo
filho indômito desta pátria da liber-
fee'-l[y]oo- een[g]-don[g]'-mee-too dehs'-ta pah'-treea dah lee-ba[y]r-
dade.
dah'-de.

Aí, o Paquequer lança-se rápido sobre o
ah-ee' oo pah-ka[y]-ka[y]r' lun[g]'-sa-se rah'-pee-doo so'-bre- oo
seu leito, e atravessa as florestas como o
sa[y]'-oo lay'-too, e- ah-trah-veh'- sahs flo-rehs'-tas kon[g]'-moo
tapir, espumando, deixando o pêlo es-
tah-peer', a[v]s-poo-mun[g]'-doo, day-shun[g]'-doo pa[y]'-loo- a[y]s-

parso pelas pontas de rochedo, e en-
pahr'-soo pa[y]'-las pon[g]'-tas de ro-sha[y]'-doo, e- en[g]-
chendo a solidão com o estampido
shen[g]'-doo- ah so-lee-dun[g]'-oo con[g]- oo- a[y]s-tun[g]-pee'-doo
de sua carreira. De repente, falta-lhe o
de soo'-a kah-ray'-rra. de ra[y]-pen[g]'-te, fahll'-ta-ll[i]e- oo
espaço, foge-lhe a terra; o soberbo rio
a[y]s-pah'-soo, foh'-jee-ll[i]e- ah teh'-rra; oo so-ba[y]r'-boo ree'-oo
recua um momento para concentrar
ra[y]-koo'-a- oon[g] mon[g]-men[g]'-too pah'-ra con[g]-cen[g]-trah'-
as suas forças e precipita-se de um só arre-
ras soo'-as for'-sa- ze pra[y]-see-pee'-ta-se de- oon[g] soh ah-rra[y]-
messo, como o tigre sobre a presa.
ma[e]'-soo, con[g]'- moo tee'-gre so'-bre- a pra[y]'-za.

Depois, fatigado do esforço supremo,
da[y]-po'-ees, fah-tee-gah'-doo doo a[y]s-for'-soo soo-pra[y]'-moo,
se estende sobre a terra, e adormece numa
se- sten[g]'-de so'-bre- a teh'-rra, e- a-dor-meh'-se noon[g]'-ma
linda bacia que a natureza formou, e onde
leen[g]'-da bah-see'-a ke- a nah-too-ra[y]'-za for-mow', e- on[g]'-de
o recebe como em um leito de noiva,
oo ra[y]-seh'-be kon[g]'-moo- en[g]- oon[g] lay-too de noy'-va,
sob as cortinas de trepadeiras e flores agrestes.
so'-be-as kor-tee'-nas de tra[y]-pah-day'-ra-ze flo'-reezah-grehs'-tees.

A vegetação nessas paragens ostén-
ah va[y]-ja[y]-tah-sun[g]'-oo neh'-sas pah-rah'-jen[g]-zos-ten[g]-
tava outrora todo o seu luxo e vigor; florestas
tah'-va o-troh'-ra to-doo sa[y]'-oo loo'-shoo-e vee-gor'; flo-rehs'-tas
virgens se estendiam ao longo das
veer'-jen[g]s se- a[y]s-ten[g]-dee'-un[g]oo ah'-oo lon[g]'-goo dahs
margens do rio, que corria no meio das arca-
mahr'-jen[g]s doo ree'-oo, ke ko-rree'-a noo may'-oo dah-zahr-cah-
rias de verdura e dos capitéis formados
ree'-as de va[y]-doo'-re doos kah-pee-teh'-ees for-mah'-doos
pelos leques das palmeiras.
pa[y]'-loos leh'-kes dahs pahll-may'-ras.

Tudo   era   grande e   pomposo   no cenário
too'-doo eh'-ra grun[g]'-de pon[g]-po'-zoo noo sa[y]-nah'-reeoo
que a natureza,   sublime   artista,   tinha
ke-a nah-too-ra[y]'-za, soo-blee'-meahr-tees'-ta, teen[g]'-n[y]a
decorado   para os dramas majestosos   dos
da[y]-ko-rah'-doo pah'-ra-oos drah'-mas mah-ja[y]s-toh'-zoos doos
elementos,   em   que o homem   é ape-
a[y]-la[y]-men[g]'-toos, ayn[g] ke-oo-on[g]'-mayn[g] eh ah-pa[y]'-
nas um   simples   comparsa.
nahs-oon[g] seen[g]'-ples kom[g]-pahr'-sa.

(D' *O Guarani*,   por José de Alencar)
doo gooah-run[g]-nee', por jo-zeh' de-ah-len[g]-kahr'

LESSON I

ARTICLES — NOUNS

VOCABULARY

o aluno   boy pupil
a aluna   girl pupil
a classe   class (group)
João   John
o lápis (pl. lápis)   pencil
o livro   book
Maria   Mary
o professor   male teacher
a professora   female teacher
ter   to have

inglês   English
português   Portuguese
de   of
e   and
que   what
quem   who, whom
não   no, not
sim   yes
um, uma   a, an
uns, umas   some, a few

a classe de português   the Portuguese class
o livro de inglês   the English book
um professor de português e inglês   a Portuguese and
   English teacher

I. DEFINITE ARTICLE (the).

Singular		Plural	
Masc.	*Fem.*	*Masc.*	*Fem.*
o	**a**	**os**	**as**
o livro	*the book*	os livros	*the books*
a classe	*the class*	as classes	*the classes*

II. INDEFINITE ARTICLE (a, an).

Singular		Plural	
Masc.	*Fem.*	*Masc.*	*Fem.*
um	**uma**	**uns**	**umas**
um lápis	*a pencil*	uns lápis	*a few pencils*
uma aluna	*a girl pupil*	umas alunas	*a few girl pupils*

III. GENDER OF NOUNS. Portuguese nouns are either masculine or feminine; those denoting males are masculine and those denoting females are feminine.

Ordinarily nouns ending in –o are masculine, and those ending in –a are feminine.

The gender of nouns denoting inanimate objects must be learned individually.

> o professor   a professora
> o lápis   a classe

IV. PLURAL OF NOUNS.

(*a*) Nouns ending in a vowel add –s to form the plural.

> a classe   as classes   o aluno   os alunos

(*b*) Nouns ending in –r, –s, and –z add –es to form the plural.

> o professor   os professores

Note, however, that a very few words ending in –s have the same form for the singular and the plural.

> o lápis   os lápis

V. PRESENT TENSE OF **Ter** (to have).

Singular		Plural	
tenho	*I have*	temos	*we have*
tens	*thou hast*	tendes	*ye have*
tem	*he, she, it has*	têm	*they have*

(*a*) **Tens** and **tendes,** the "thou" and "ye" forms, are rarely used in Brazil except in poetry, prayer, and oratory.

(*b*) Note that Portuguese has **ter** and **haver** to express "to have." **Haver,** however, is now seldom used except in certain idioms and in the formation of future and perfect tenses as explained later.

VI. QUESTIONS AND NEGATIVES.

In questions the subject is sometimes (but not necessarily) placed after the verb; in negatives, the adverb **não** is placed before the verb. No auxiliary verb is necessary to formulate a question or a negative.

Tem o aluno um lápis? *or*
O aluno tem um lápis?   *Has the boy pupil a pencil?*
A aluna não tem o livro.   *The girl pupil does not have the book.*

VII. OMISSION OF PERSONAL SUBJECT PRONOUNS. The personal subject pronouns are usually omitted in Portuguese except for emphasis. (See Lesson VII.)

Tenho um livro. *I have a book.*
Não têm um professor. *They don't have a teacher.*
Ele tem um livro de português, ela tem um livro de inglês. *He has a Portuguese book, she has an English book.*

VIII. ADJECTIVES OF NATIONALITY USED AS NOUNS. An adjective of nationality may be used as a noun to indicate the language of the country in question. Neither when used as an adjective nor when used as a noun is it capitalized. It is preceded by **de** in certain idiomatic expressions.

Tenho uma classe de português. *I have a Portuguese class.*

EXERCISES

A. *To be read and translated into English.* 1. A classe de português tem alunos e alunas. 2. Tem um professor. 3. Não tem uma professora. 4. Os alunos têm livros e lápis. 5. O professor tem uma classe de português e uma classe de inglês. 6. Quem tem uma classe de português? 7. Que tem a classe? 8. Não temos livros. 9. Tenho um livro de português. 10. O aluno tem um livro de português e um livro de inglês? 11. Os alunos não têm livros de inglês. 12. As professoras não têm classes de português. 13. Tenho livros de português e de inglês. 14. Os alunos têm classes de português? 15. Maria tem uma classe de português? 16. João tem classes de português e de inglês.

B. *To be translated into Portuguese.* 1. Has the pupil a book and a pencil? 2. I have English books. 3. We do not have books. 4. Have the pupils Portuguese books? 5. What has the teacher (*masc.*)? 6. Who has the Portuguese class? 7. Has Mary a Portuguese book? 8. John does not have an English book. 9. Mary and John do not have books. 10. What class have the pupils? 11. The teachers have classes. 12. The class does not have a teacher.

C. *To be answered in Portuguese.* 1. A classe tem um professor? 2. Os alunos têm livros? 3. Que livro tem a aluna? 4. Que classe têm os alunos? 5. A classe de português tem alunos e alunas? 6. Quem tem o livro de português? 7. Temos livros de português?

8. Os alunos não têm livros de português?   9. O professor não tem uma classe de português?   10. Que classe tem o professor?   11. Temos classes de português?   12. Os alunos têm classes de inglês?

D. *To be filled in with the proper word or words in Portuguese.*   1. O professor (has) um livro.   2. Os alunos (have a few) livros.   3. As professoras (do not have) livros.   4. (I have) livros de português e de inglês.   5. (We do not have) livros.   6. (The pupils [*fem.*]) não têm classe.   7. (What) livros tem o aluno?   8. (The teacher [*masc.*]) tem uma classe de português.   9. (What books) temos?   10. (Have the pupils [*masc.*]) uma classe de inglês?   11. Os alunos (do not have) um professor.   12. (The teachers [*fem.*]) não têm classes de português.

LESSON II

FIRST CONJUGATION (Present Indicative)

VOCABULARY

o senhor (Sr.) sir, Mr.
a senhora (Sra.) madam, Mrs.
a senhorita (Sta.) young lady, Miss
estudar to study
explicar to explain
falar to speak
bem well
mal badly, poorly

mas but
muito much, a great deal; hard; very
muitos, muitas many
a to
com with
em in, on
ou or

I. REGULAR VERBS. There are three regular conjugations in Portuguese. The infinitives of these three conjugations end thus:

First Conjugation −ar
Second Conjugation −er
Third Conjugation −ir

II. PRESENT INDICATIVE OF FIRST CONJUGATION VERBS. The present indicative of all regular verbs of the first conjugation is formed by adding the following endings to the stem:

Singular −o, −as, −a
Plural −amos, −ais, −am

III. PRESENT INDICATIVE OF **Falar** (to speak).

Singular		Plural	
falo	*I speak*	falamos	*we speak*
falas	*thou speakest*	falais	*ye speak*
fala	*he, she, it speaks*	falam	*they speak*

IV. WAYS OF EXPRESSING "*You*" IN PORTUGUESE.

(*a*) In conversation with friends and relatives:

você vocês

(*b*) In formal conversation:

o Sr. (senhor)	os Srs. (senhores)
a Sra. (senhora)	as Sras. (senhoras)
a Sta. (senhorita)	as Stas. (senhoritas)

Note that all of these ways of expressing "you" are used with the third person verb form.

Você estuda muito. *You study hard.*
O Sr. tem livros? *Do you have books?*
As Stas. falam inglês? *Do you speak English?*
A Sra. fala bem português. *You speak Portuguese well.*

V. THE DEFINITE ARTICLE. The definite article is used before a title whether followed or not by a personal name, except when calling someone's attention to what the speaker is going to say; and in the expressions **sim, senhor; não, senhor;** and similar ones.

A Sta. tem um livro de português? *Do you have a Portuguese book?*
Sr. Smith, fala o Sr. White português? *Mr. Smith, does Mr. White speak Portuguese?*
Não, senhor; mas fala inglês bem. *No, sir; but he speaks English well.*

EXERCISES

A. *To be read and translated into English.* 1. O Sr. Barros, professor de português, estuda muito. 2. Fala bem português. 3. Não fala muito inglês. 4. Os alunos estudam muito. 5. Sr. Smith, que estuda o Sr.? 6. Estudo português. 7. Não estuda inglês? 8. Sim, senhor; estudo inglês e português. 9. Que explica o Sr. em inglês? 10. Que fala a Sta.? 11. Que estudam Maria e João? 12. Falamos bem português? 13. Não, senhor; falamos mal português, mas o Sr. fala bem português. 14. João, você fala bem inglês? 15. Vocês falam português? 16. Com quem fala o professor? 17. Os alunos têm muitos livros.

B. *To be translated into Portuguese.* 1. The teacher explains well. 2. What does he explain? 3. To whom does he explain? 4. What do you study, Mary? 5. Does she study English or Portuguese? 6. Does the pupil speak Portuguese or English? 7. Don't you speak Portuguese? 8. Yes, sir; I speak Portuguese and English. 9. The teachers speak Portuguese well. 10. But they speak English badly.

11. We don't study Portuguese a great deal. 12. Miss Burton, what do you speak? 13. He studies many books.

C. *To be answered in Portuguese.* 1. Que estuda o Sr.? 2. Que explica o professor? 3. Os alunos falam bem português? 4. A aluna fala português e inglês? 5. Quem fala bem inglês? 6. Com quem fala português o professor? 7. A quem explica o professor? 8. O aluno estuda português ou inglês? 9. Quem fala bem português, o aluno ou o professor? 10. Que fala o Sr.? 11. Os Srs. falam mal inglês? 12. A professora fala português com os alunos? 13. Que livro estuda a Sta.?

D. *To be filled in with the proper word or words in Portuguese.* 1. O professor (explains). 2. Os alunos (do not speak) português. 3. O aluno (speaks) inglês. 4. As alunas (do not speak well) português. 5. (Do you speak) inglês? 6. (No, sir); não falamos português. 7. (I study a great deal.) 8. (We study) português e inglês. 9. (Who explains?) 10. (To whom) explica o professor? 11. (He does not explain) bem. 12. Estuda (a great deal). 13. Tem (many) classes.

LESSON III

PLURAL OF NOUNS — CONTRACTION OF PREPOSITIONS WITH ARTICLES

VOCABULARY

o **anel** ring	a **irmã** sister
o **animal** animal	a **lição** lesson
o **esposo** husband	a **mãe** (*familiar form*, **mamãe**) mother
a **esposa** wife	a **mão** hand
o **filho** son	a **mulher** woman
a **filha** daughter	o **pai** (*familiar form*, **papai**) father
o **homem** man	o **pão** bread, loaf of bread
o **irmão** brother	

I. PLURAL OF NOUNS (*Continued*).

(*a*) Nouns ending in –**ã** or –**ãe** form the plural regularly by adding –**s**.

a irmã   as irmãs   a mãe   as mães

(*b*) Nouns ending in –**m** change the –**m** to –**ns**.

o homem   os homens

(*c*) Nouns ending in –**al**, –**el**, –**ol**, –**ul** change the –**l** to –**is**.

o animal   os animais

Note, however, the acute accent over the **e** and **o** in the plural of nouns ending in –**el** and –**ol**.

o anel   os anéis
o anzol (*fishhook*)   os anzóis

(*d*) A few nouns ending in –**il** form the plural:

(1) by changing the –**l** to –**s** if the last syllable is stressed;
(2) by changing the –**il** to –**eis** if the last syllable is not stressed.

funil (*funnel*) funis   fóssil (*fossil*) fósseis

22

(*e*) Nouns ending in –ão form the plural:

(1) by adding –s (o irmão, os irmãos);
(2) by changing –o to –es (o pão, os pães);
(3) by changing –ão to –ões (a lição, as lições).

The plurals of these nouns must be learned individually.

II. CONTRACTION OF PREPOSITIONS WITH ARTICLES.

(*a*) Prepositions **a, de, em** with the definite article:

a		de		em	
a + o	ao	de + o	do	em + o	no
a + a	à	de + a	da	em + a	na
a + os	aos	de + os	dos	em + os	nos
a + as	às	de + as	das	em + as	nas
ao homem		do animal		no pão	
às irmãs		das lições		nos lápis	

(*b*) Prepositions **de, em** with the indefinite article:

de		em	
de + um	dum	em + um	num
de + uma	duma	em + uma	numa
dum anel		num livro	
duma mulher		numa classe	

III. POSSESSION. Possession may be expressed, among other ways, by the preposition **de** followed by the noun indicating the possessor.

o livro de João   *John's book*   as filhas de Maria   *Mary's daughters*

IV. USE OF **Papai, Mamãe.** The familiar forms **papai, mamãe** are used in referring to one's own father and mother. No article or possessive is used with them.

Papai fala português.   *My father speaks Portuguese.*

But:

O pai de Maria   *Mary's father*

EXERCISES

A. *To be read and translated into English.* 1. João não tem uma irmã. 2. A irmã do aluno tem muitos anéis. 3. Maria tem irmãos. 4. Os alunos têm livros com lições. 5. Que animais têm os irmãos de Maria?   6. O esposo de Maria fala português?   7. A irmã da aluna tem filhos e filhas.   8. Os anéis da mulher.   9. Os filhos duma mulher.   10. A esposa dum homem.   11. O aluno tem os livros dos professores.   12. Quem explica as lições de português?   13. A irmã do aluno tem pães?   14. A irmã e a mãe de Maria não têm anéis.   15. Os irmãos das alunas falam português.   16. O professor explica a lição aos alunos?   17. Quem estuda numa classe?   18. O professor fala muito nas classes?   19. As mãos do aluno.   20. Mamãe estuda português.

B. *To be translated into Portuguese.*   1. The pupils study the lessons.   2. Who has the rings?   3. Who explains the lessons to the pupils in the class?   4. John's sisters have loaves of bread.   5. Mary does not have rings.   6. The man has animals.   7. The woman's son and the man's daughter.   8. The pupil's mother.   9. The teacher (*fem.*) has a father and a mother.   10. With whom does the pupil speak?   11. The man's wife and the woman's husband.   12. The daughter's rings.   13. The teacher's hands.

C. *To be answered in Portuguese.*   1. Quem tem os livros do professor?   2. O aluno tem uma irmã?   3. Quem explica as lições numa classe?   4. O aluno estuda muito as lições?   5. O professor explica as lições aos alunos?   6. Os alunos falam bem português?   7. O professor tem o livro de português da aluna?   8. Explico bem as lições?   9. Estudamos na classe português ou inglês?   10. Com quem estuda o aluno?   11. Falo bem inglês?   12. Que tem o aluno?

D. *To be filled in with the proper word or words in Portuguese.*   1. (The books) dos alunos.   2. (The rings) das alunas.   3. (The son and daughter) do homem.   4. (The Portuguese classes) da professora.   5. (To whom) explicam os professores as lições?   6. (With whom) estuda o Sr.?   7. Tenho (Mary's rings).   8. (We do not have) classes de português.   9. (The woman's daughter) tem pães.   10. (The pupil's father) fala português.   11. (We do not speak) português.   12. Falamos inglês (in the) classe.   13. (Mary's hands.)

LESSON IV

ESTAR (Present Indicative) — ADJECTIVES

Vocabulary

a aula classroom, class (*period*)	**aplicado** diligent
a cadeira chair	**cansado** tired
a casa house	**difícil** difficult
o mês (*pl.* meses) month	**doente** sick, ill
a mesa table	**fácil** easy
a pena pen	**preguiçoso** lazy
o rapaz boy	**aqui** here
a sala room	**onde** where
preparar to prepare	**porque** because; why?
pronunciar to pronounce	

em casa at home

I. Present Indicative of **Estar** (to be).

Singular		Plural	
estou	*I am*	estamos	*we are*
estás	*thou art*	estais	*ye are*
está	*he, she, it is*	estão	*they are*

II. Uses of **Estar**. The principal uses of **estar** are:

(*a*) To express location:

O livro está na mesa.   *The book is on the table.*
A pena não está aqui.   *The pen is not here.*

(*b*) With an adjective expressing temporary quality or condition:

João está cansado.   *John is tired.*

III. Gender of Adjectives.

(*a*) Adjectives whose masculine form ends in **–o** have a corresponding feminine form ending in **–a**.

aplicado   aplicada   cansado   cansada

25

(*b*) Adjectives ending in **–e** or a consonant have usually the same form for masculine and feminine.

doente   doente   fácil   fácil

(*c*) Most adjectives of nationality take **–a** for the feminine.

inglês   inglesa   português   portuguesa

IV. PLURAL OF ADJECTIVES. Adjectives are pluralized the same way as nouns.

doente	doentes	fácil	fáceis
cansado	cansados	cansada	cansadas
inglês	ingleses	portuguesa	portuguesas

V. RULES FOR USE OF ADJECTIVES.

(*a*) Adjectives must agree in gender and number with the nouns to which they refer.

A Sta. Williams está cansada. *Miss Williams is tired.*
Os alunos estão cansados? *Are the pupils tired?*

(*b*) Descriptive adjectives are usually placed after the noun they qualify.

um aluno preguiçoso   *a lazy pupil*
animais cansados   *tired animals*

EXERCISES

A. *To be read and translated into English.* 1. João, você está doente? 2. Não, senhor; estou cansado. 3. Onde estamos? 4. Estamos na aula de português. 5. Onde estão os livros do professor? 6. Estão na mesa do professor na aula de português. 7. Estou aqui. 8. Que lição estuda o Sr.? 9. Os alunos da classe de português têm livros, lápis e penas. 10. Está cansada, Sta. Wilson? 11. Sim, senhor; estou muito cansada. 12. Os lápis e as penas dos alunos estão na mesa? 13. Um aluno aplicado. 14. Uma aluna preguiçosa. 15. Lições difíceis. 16. Uma lição muito fácil. 17. Porque está cansado? 18. Os alunos pronunciam bem português. 19. A aluna não prepara bem a lição. 20. O homem está em casa? 21. O aluno estuda os meses. 22. O homem tem uma pena inglesa. 23. A classe tem professores portugueses e professoras inglesas.

B. *To be translated into Portuguese.* 1. We are not at home. 2. We are in the classroom. 3. She studies the months. 4. The boys study Portuguese.   5. We have pencils and pens.   6. The books are on the tables.   7. I am here in the house.   8. They do not prepare the lessons well.   9. The pupil pronounces badly.   10. The book has easy and difficult lessons.   11. The class has diligent and lazy pupils.   12. The teacher is tired; he is not ill.   13. Why are we here?   14. Because we study Portuguese.   15. We have chairs and tables in the room.

C. *To be answered in Portuguese*.   1. Onde está o Sr.?   2. Onde estão os livros dos alunos?   3. O aluno está muito cansado?   4. Que estuda a aluna?   5. Que lições preparam os alunos?   6. Com quem fala o aluno português?   7. O aluno pronuncia bem português?   8. Os alunos estudam muito as lições de português?   9. Porque não estuda muito o aluno?   10. Estamos na classe de inglês?   11. Temos lições difíceis?   12. Os alunos têm penas e lápis?

D. *To be filled in with the proper word or words in Portuguese*.   1. O Sr. (is in the classroom).   2. Onde (are) os livros?   3. Os alunos (are not) em casa.   4. Está o Sr. (at home)?   5. Estamos (tired).   6. (Why are you) cansado?   7. Não estamos (ill).   8. (We pronounce) bem.   9. Temos (difficult lessons).   10. (The boys) têm livros, penas e lápis.   11. Estudamos (the months) em português.   12. (We do not prepare) as lições bem.

E. *Ten-minute written quiz; 5 per cent for each correct answer*.

1. the pencil
2. the book
3. the teacher's pen
4. the pupil's (*fem.*) mother
5. on the table
6. in the house
7. I am here
8. where is he?
9. he is at home
10. he is tired
11. yes, sir
12. he has books
13. the man
14. the father
15. the wife
16. why not?
17. it is here
18. they are here
19. animals
20. the boy's book

LESSON V

SECOND CONJUGATION (Present Indicative)

Vocabulary

a atenção attention
a dificuldade difficulty
a escola school
a frase sentence
a palavra word
a pronúncia pronunciation
o vocabulário vocabulary
aprender to learn
compreender to understand
ensinar to teach
escrever to write
ler to read

prestar to be useful; to be good
  for; to devote
cada each
todo, toda whole; (pl.) all;
  every
tudo everything
como how; as
depois afterwards; then
pouco little; (pl.) few; (adv.)
  little, not much
quando when

prestar atenção to pay attention
todos os alunos every pupil
todas as lições every lesson

I. Present Indicative of Aprender (to learn).

Singular		Plural	
aprendo	*I learn*	aprendemos	*we learn*
aprendes	*thou learnest*	aprendeis	*ye learn*
aprende	*he, she, it learns*	aprendem	*they learn*

II. Ler (to read). The present indicative of ler is irregular.

Singular		Plural	
leio	*I read*	lemos	*we read*
lês	*thou readest*	ledes	*ye read*
lê	*he, she, it reads*	lêem	*they read*

III. Cada (each). Cada is invariable.

cada homem *each man*   cada mulher *each woman*

O professor não explica cada lição a cada um dos alunos. *The teacher does not explain each lesson to each one of the pupils.*

28

IV. Todo, Toda. Todo, toda, and the plural forms **todos, todas,** used as adjectives, are followed by the definite article.

Todos os alunos têm livros.   *All the pupils have books.*
Toda a classe está aquí.   *The whole class is here.*

Notice, however, that **todo, toda,** meaning "whole," may be placed after the noun. The article precedes the noun.

A classe toda está aqui.   *The whole class is here.*

EXERCISES

A. *To be read and translated into English.* 1. Onde estamos? 2. Estamos na escola. 3. Não estamos em casa. 4. Estudamos português. 5. Preparamos todas as lições em casa. 6. Falamos português muito pouco. 7. Quando estuda o Sr. a lição? 8. Estudo a lição quando estou em casa. 9. Os alunos estudam inglês na escola? 10. O professor explica todas as dificuldades. 11. Pronuncia todas as palavras do vocabulário e depois explica tudo em inglês. 12. Como aprende o aluno a pronúncia das palavras portuguesas? 13. O professor lê o vocabulário e os alunos prestam atenção. 14. Depois o professor explica as dificuldades da pronúncia e os alunos lêem as frases. 15. Como explica o professor a lição? 16. O professor explica as dificuldades em inglês. 17. Que livro lê o Sr.? 18. Leio o livro de português. 19. Que aprendem os alunos aqui? 20. Aprendém português. 21. Sr. Smith, compreende o senhor tudo? 22. Não, senhor; não compreendo tudo; mas presto atenção e aprendo muito. 23. Porque não estão João e Maria na classe? 24. Porque estão doentes; estão em casa. 25. O lápis do aluno não presta.

B. *To be translated into Portuguese.* 1. Where is he? 2. They are in the classroom. 3. What do they learn here? 4. Do all the pupils pay attention? 5. They study the lessons. 6. How do they learn Portuguese? 7. The pupils do not speak English in the class. 8. He reads all the words of the vocabulary to the pupils. 9. They understand the sentences. 10. They pay attention when the teacher explains the lesson. 11. What book do you study? 12. He teaches the difficulties. 13. The paper is not good for much.

C. *To be answered in Portuguese.* 1. Que aprende o aluno aqui? 2. Onde estão os livros de português? 3. O professor pronuncia todas as palavras do vocabulário? 4. Onde está o aluno? 5. O aluno compreende tudo?   6. Prestam todos os alunos atenção na classe?   7. O Sr. estuda todas as lições?   8. Quem explica as dificuldades?   9. Que lê o professor?   10. Os alunos preparam a lição em casa?   11. Os alunos escrevem todas as palavras e frases? 12. O professor explica a pronúncia a cada aluno?

D. *To be filled in with the proper word or words in Portuguese.*   1. Não estudo (a great deal).   2. (We do not speak) português.   3. Porque explica (the teacher) todas as palavras?   4. O aluno (writes) as frases.   5. Os alunos (learn) português.   6. O professor explica (all the words).   7. Explica (all the difficulties).   8. Todos os alunos (read) a lição.   9. (They do not understand) tudo.   10. Compreende o aluno (everything)?   11. (When) estuda a lição?   12. (I pay attention) a tudo.

E. *Ten-minute quiz; 5 per cent for each correct answer.*

1. each lesson
2. we have
3. who has?
4. what have they?
5. he explains all
6. he speaks badly
7. they study a great deal
8. I study with Mr. Smith
9. the man and the woman write
10. the pupil's father and mother
11. the son's bread
12. the woman's rings
13. the whole book
14. the boy's pencil
15. an easy lesson
16. they prepare the lesson
17. she does not pronounce well
18. he studies here
19. why is he here?
20. she is very diligent

LESSON VI

SER (Present Indicative)

Vocabulary

o **caderno** notebook
a **cor** color
o **giz** chalk
o **papel** paper
o **quadro** blackboard
a **tinta** ink
a **verdade** truth, fact
amarelo yellow
azul blue
branco white

castanho brown
curto short
interessante interesting
inútil (*pl.* **inúteis**) useless
longo long
preto black
útil (*pl.* **úteis**) useful
verde green
vermelho red

aprender a falar to learn how to speak
de que cor é? what color is it?
não é verdade? isn't it true?

I. Present Indicative of Ser (to be).

	Singular		*Plural*	
sou	*I am*	somos	*we are*
és	*thou art*	sois	*ye are*
é	*he, she, it is*	são	*they are*

II. Uses of Ser.

(*a*) With an adjective denoting a natural, innate, or permanent quality:

O giz é branco. *The chalk is white.*

(*b*) With a noun denoting a profession or nationality:

Sou professor. *I am a teacher.*
O pai de Maria é português. *Mary's father is Portuguese.*

Notice the omission of the article before the unqualified noun denoting a profession in the first example.

31

(*c*) In phrases denoting possession:

A pena é do professor.   *The pen belongs to the teacher.*

III. Não É Verdade? In English, we often convert statements into questions, thus:

> *Portuguese is useful, isn't it?*
> *They learn a great deal, don't they?*

In Portuguese, the same effect is produced by adding **não é verdade?** or simply, **não é?** to the statement.

O português é útil, não é verdade?   *Portuguese is useful, isn't it?*
O livro é do professor, não é?   *The book belongs to the teacher, doesn't it?*

(*a*) Notice the definite article before the adjective of nationality used to indicate the language in the first example. The adjective is here used as a noun.

IV. The Subject Pronoun "*It*" is never translated into Portuguese in expressions such as "It is interesting," "It is not easy," etc.

É interessante, mas não é fácil.   *It is interesting, but it is not easy.*

EXERCISES

A. *To be read and translated into English.* Os alunos aprendem as cores. As cores são muito interessantes, não é verdade? De que cor são os cadernos dos alunos? São castanhos. O giz é branco, mas o quadro é preto. As penas do professor são azuis e vermelhas. De que cor é o papel dos livros? É branco, não é?

A lição é fácil ou difícil? Não é fácil, mas não é muito difícil. O vocabulário é longo, mas as frases são curtas. O aluno é aplicado? O português é útil, não é verdade? Sim, senhor; é muito útil. É difícil aprender português? Sim, senhor; é difícil. Os alunos preguiçosos não aprendem muito.

O papel, as penas, os lápis, os cadernos, o giz, o quadro, os livros são úteis. Tudo é útil, não é verdade?

Somos todos muito aplicados. Não somos portugueses. Estudamos muito cada lição. Estudamos todos os vocabulários e todas as frases. Não compreendemos tudo. Mas o professor explica todas as dificuldades.

O Sr. Smith é professor de inglês e é um bom professor, não é?

B. *To be translated into Portuguese.* 1. Where is the teacher's pen? 2. The pupil's pencil is blue, isn't (it)? 3. Are the Portuguese lessons easy or difficult? 4. They are difficult, but they are interesting. 5. John and Mary are ill. 6. Where are the pupil's notebooks? 7. They are on the teacher's table. 8. We study every word in the lesson. 9. Is the lesson long or short? 10. Who explains the difficulties to the pupils? 11. Why is it not easy to learn Portuguese? 12. It is difficult to learn all the words.

C. *To be answered in Portuguese.* 1. O Sr. fala português? 2. Porque estuda português? 3. Onde estão os alunos da classe de português? 4. É a pronúncia das palavras portuguesas fácil ou difícil? 5. A Sra. é aluna da classe de português? 6. São todos os alunos aplicados? 7. O professor está aqui? 8. As lições são longas? 9. De que cor é o giz? 10. Que aprende o Sr. a falar? 11. Os livros são úteis? 12. De que cor são a tinta, o papel e o quadro?

D. *To be filled in with the proper word or words in Portuguese.* 1. O livro é (blue). 2. O caderno é (brown). 3. O papel é (white). 4. A pena é (yellow). 5. O lápis é (green). 6. As lições (are long). 7. (We do not pronounce well) todas as palavras. 8. Os livros (are useful). 9. (It is interesting) estudar português. 10. (Why are not) os alunos aqui? 11. O caderno (belongs to the teacher). 12. Escrevo (with a pencil in the notebook). 13. (English is difficult.)

E. *Ten-minute quiz; 5 per cent for each correct answer.*

1. a Portuguese class
2. an English book
3. he studies a great deal
4. the teachers (*fem.*)
5. they have not
6. a tired pupil (*fem.*)
7. he does not explain well
8. they understand all
9. he writes with a pencil
10. on the table
11. he explains to the pupils
12. the man's sister
13. in a useless book
14. of a useful book
15. an easy vocabulary
16. all the months
17. the boys' red pencils
18. where is the book?
19. why isn't the pupil here?
20. he does not explain all the difficulties

LESSON VII

SUBJECT PERSONAL PRONOUNS

Vocabulary

o dia	day	**impossível**	impossible
a gramática	grammar	**possível**	possible
o jornal	newspaper	**preciso**	necessary
chegar	to arrive	**agora**	now
entrar (em)	enter	**cedo**	early
há	there is; there are	**hoje**	today
morar	to live, to dwell	**sempre**	always
precisar (de)	to need	**também**	also, too
trabalhar	to work	**tarde**	late
viver	to live, to be alive	**até**	until, as far as

todo o dia every day
o dia todo the whole day

I. Subject Personal Pronouns.

Singular		*Plural*	
eu	*I*	nós	*we*
tu	*thou, you*	vós	*ye, you*
ele	*he*	eles	*they (masc.)*
ela	*she*	elas	*they (fem.)*

(*a*) These subject pronouns are usually omitted; when used, they are emphatic.

Ele estuda cada lição, mas ela não estuda muito. *He studies each lesson, but she doesn't study very much.*

II. Entrar em. In English, the verb "to enter" takes a direct object and we say, "I entered the room." Portuguese **entrar** cannot take a direct object; one enters into (**entrar em**) the room.

Sempre entram na (em + a) aula cedo. *They always enter the classroom early.*

34

III. **Morar** AND **Viver.** "To live" in the sense of "to dwell" may be expressed by either **morar** or **viver.** "To live" in the sense of "being alive" can be expressed only by **viver.**

> Onde vive o aluno? *or,*
> Onde mora o aluno? *Where does the pupil live?*
> É preciso viver. *It is necessary to live.*

IV. **Há** (there is, there are). **Há,** from **haver** (to have), expresses both "there is" and "there are." No subject pronoun is used with it.

> Há papel mas não há livros. *There is paper but there are no books.*

V. **Todo O Dia,** ETC. Notice the difference between **todo o dia,** or **todos os dias** (every day) and **o dia todo** (the whole day).

> Estudamos todo o dia (todos os dias) mas não o dia todo. *We study every day but not the whole day.*

EXERCISES

A. *To be read and translated into English.* Quem entra agora na aula? Os alunos entram na aula agora. Eles entram hoje muito cedo. O professor também entra cedo. Ele sempre chega cedo à aula. Trabalha todos os dias até tarde. É preciso trabalhar muito, não é verdade? Os alunos entram sempre cedo?

Eu leio o jornal. Que lê, Sta. Wallace? Eu também leio um jornal. É fácil e muito interessante ler um jornal. É impossível compreender todas as palavras. Mas sempre é possível compreender muitas. Aprendemos muito num dia.

Que lê o professor agora, Sta. Wilson? Ele lê um livro de gramática portuguesa. Sempre lê na aula e em casa também. Ele precisa de ler muito e nós também.

Quem explica a pronúncia e as dificuldades da gramática aos alunos? O professor explica a pronúncia e as dificuldades. Os alunos prestam atenção.

Onde mora o aluno? O aluno mora com o pai da aluna. Moram numa casa branca. Há muitas casas brancas aqui. Eu também moro numa casa branca. Vive a mãe do professor? Vive, sim, Sr.

B. *To be translated into Portuguese.* 1. We are here every day; they are always at home. 2. She arrives early, but I always arrive late. 3. Why doesn't he work too? 4. Why do we need to work every day? 5. Today's lesson is very short. 6. Is it necessary to study now? 7. The book is interesting. 8. I read all the day's newspapers. 9. How do you pronounce the word? 10. Why is he always late? 11. Does she live with you? 12. We always enter with the teacher. 13. The pupil's mother is alive. 14. There are pens but there is no ink.

C. *To be answered in Portuguese.* 1. Que estuda agora o aluno? 2. É preciso estudar muito? 3. Que jornais lê? 4. É preciso ler livros na classe de português? 5. A aluna sempre trabalha muito? 6. Onde vive você? 7. Com quem mora o Sr.? 8. Mora você numa casa branca? 9. Quem chega sempre cedo à aula? 10. Lê você muito tarde o jornal de hoje? 11. É possível compreender todas as palavras do livro de português? 12. Você precisa de trabalhar até muito tarde?

D. *To be filled in with the proper word or words in Portuguese.* 1. O professor (reads) a lição. 2. (It is necessary) estudar muito. 3. Entramos (always very early) na aula. 4. (I read) todos os jornais. 5. Não trabalhamos (until) tarde. 6. Quem (lives here)? 7. (It is always necessary) estudar muito. 8. (With whom) estuda o Sr.? 9. (It is impossible) estudar sempre até tarde. 10. (I have) classe de português (today). 11. (We do not live) numa casa vermelha. 12. (We need) estudar muito. 13. Estudo (as far as) aqui. 14. (Every day) mas não (the whole day). 15. (She is alive.)

E. *Ten-minute quiz; 5 per cent for each correct answer.*

1. the Portuguese class
2. John's book is not good
3. we speak with Mr. Smith
4. he explains well
5. she writes badly
6. a man and a woman
7. the sister's rings
8. the daughter's bread
9. every month
10. the red pencils and the yellow pens
11. we are here today
12. where are you?
13. why do you need to study?
14. he is not lazy
15. they always prepare the lesson
16. there are difficulties
17. the words and sentences
18. she does not pay attention
19. the ink is blue
20. white and red houses

LESSON VIII

THIRD CONJUGATION (Present Indicative) — RELATIVE PRONOUNS *QUE, QUEM*

Vocabulary

o **Brasil** Brazil
a **cidade** city
a **família** family
a **gente** people
a **pessoa** person
a **roça** country
a **vida** life
descrever to describe
partir to start; to leave
algum (alguma; alguns, algumas) some; any
alegre gay

triste sad
bom (boa) good
feliz happy
infeliz unhappy
mau (má) bad
necessário necessary
pobre poor
rico rich
outro other, another
para for; to
depois de after

o que that which, what
tudo o que all that, everything that

I. Present Indicative of **Partir** (to leave).

	Singular		Plural
parto	*I leave*	partimos	*we leave*
partes	*thou leavest*	partis	*ye leave*
parte	*he, she, it leaves*	partem	*they leave*

II. Relative Pronouns **Que, Quem.** **Que,** as a relative pronoun, may refer to persons, animals, or things; hence it may mean "who," "that," or "which." If the relative refers to a person and is the object of a preposition (English "whom"), **quem** is used instead of **que.**

The relative pronoun is never omitted in Portuguese.

Os alunos que vivem aqui são muito aplicados. *The pupils who live here are very diligent.*

A lição que estudo agora não é fácil. *The lesson I study now is not easy.*

37

A pessoa de quem falo não está aqui. *The person of whom I speak is not here.*

III. Collectives. Collectives in Portuguese require the singular verb form.

A gente que mora aqui é rica. *The people who live here are rich.*

EXERCISES

A. *To be read and translated into English.* A família do professor vive na cidade; nós vivemos na cidade também. Onde vivem vocês, João e Maria? Muita gente vive na roça, não é verdade?

O professor descreve à classe a vida da gente que mora na roça. Há famílias na roça que são muito pobres e outras que são muito ricas.

Depois de descrever a vida na roça, o professor descreve a vida na cidade. Numa cidade também há famílias que são pobres e outras que são ricas. Há muita gente numa cidade.

Não são ricas todas as pessoas que vivem na cidade.

O que descreve o professor é interessante. Tudo o que êle descreve é interessante. Tudo o que os alunos aprendem escrevem nos cadernos. Alguns escrevem muito, outros muito pouco. É necessário prestar muita atenção a tudo o que o professor explica na aula, para aprender muito. Depois da classe precisamos de estudar.

Você parte hoje para a roça? Não, senhor; não parto hoje para a roça. Mas a família de João parte para a roça hoje.

B. *To be translated into Portuguese.* 1. I live here, but he lives in the country. 2. Who lives in the city? 3. Are there rich people in the country? 4. The people who live here are poor. 5. What is a city? 6. Why are there some happy and some unhappy people? 7. The life he describes is interesting, isn't it? 8. Where do you live now, Miss Wallace? 9. We live now in the city. 10. What words do you write? 11. Are there any words on the blackboard that you do not understand? 12. He always arrives late because he lives in the country. 13. I study the vocabulary today. 14. The pupil (*fem.*) of whom we speak is gay.

C. *To be answered in Portuguese.* 1. Onde vive o Sr.? 2. Há muita gente numa cidade? 3. Há muita gente pobre na roça? 4. Parte o Sr. para a roça hoje? 5. Que descreve o professor à classe de português? 6. É interessante o que o professor descreve? 7. É alegre ou triste a vida do aluno? 8. Moram todos os alunos na cidade? 9. Que escrevem os alunos nos cadernos? 10. O aluno escreve muitas palavras em português? 11. Há muita gente que fala inglês no Brasil? 12. A vida na roça é triste?

D. *To be filled in with the proper word or words in Portuguese.* 1. Vivemos (in the city) agora. 2. Há (many people) pobre na roça. 3. Há muita gente (happy and unhappy) na cidade. 4. Não somos (very rich). 5. (We do not start) hoje para a roça. 6. Não prestam atenção (to that which he describes). 7. (Of whom) fala o professor? 8. Aprendemos (some useful words) na classe hoje. 9. (The pupil's family) mora na cidade. 10. Compreendemos (all that) o professor explica. 11. Há (good and bad books). 12. A gente que vive aqui é (very rich). 13. Estudamos (after the class).

E. *Ten-minute quiz; 5 per cent for each correct answer.*

1. we describe
2. she studies the vocabulary
3. he is unhappy
4. they are not rich
5. the other book
6. Brazil's cities
7. some good books
8. a bad and sad life
9. we start today
10. for the class
11. the other persons
12. many people are gay
13. I am happy
14. they arrive early
15. it is impossible
16. he always enters late
17. they work hard
18. it is not necessary
19. a Portuguese grammar
20. we and they

LESSON IX

POSSESSIVE ADJECTIVES

VOCABULARY

o advogado lawyer	**o tio** uncle
os Estados Unidos United States	**a tia** aunt
o fazendeiro farmer	**Paulo** Paul
o médico physician	**Pedro** Peter
o parente relative	**comer** to eat
o primo (*fem.* **a prima**) cousin	**descansar** to rest
o sobrinho nephew	**fumar** to smoke
a sobrinha niece	**viajar** to travel

I. POSSESSIVE ADJECTIVES. The possessive adjectives (also used as pronouns) are:

Singular		*Plural*		
Masc.	*Fem.*	*Masc.*	*Fem.*	
meu	minha	meus	minhas	*my*
teu	tua	teus	tuas	*thy*
seu	sua	seus	suas	*his, her, its; your*
nosso	nossa	nóssos	nossas	*our*
vosso	vossa	vossos	vossas	*your*
seu	sua	seus	suas	*their; your*

(*a*) The possessive adjective must agree in gender and number with the noun indicating the possessed thing. Note that the definite article is generally used before the possessive adjective and always before the possessive pronoun.

> o meu jornal   *my newspaper*
> as minhas primas   *my girl cousins*
> os meus livros e os seus

(*b*) The possessive adjective is repeated before each word to which it refers.

> o meu sobrinho e a minha tia   *my nephew and aunt*

40

(*c*) The definite article is omitted, however, before the possessive adjective:

(1) when followed by a word indicating a close relative:

> Meu pai não está aqui. *My father is not here.*

(2) when used in the predicate:

> Os cadernos são nossos. *The notebooks are ours.*

(*d*) The article replaces the possessive when followed by a noun indicating a part of the body, a mental or moral quality, or something worn.

O seu primo tem o anel na mão. *Your cousin has the ring in his hand.*

(*e*) Note that **seu, sua, seus, suas** express possession by a third person or by the person addressed.

Sta. White, onde está o seu livro? *Miss White, where is your book?*
Cada aluno tem o seu livro. *Each pupil has his book.*

(*f*) When ambiguity would result from the use of **seu, sua,** etc., possession is expressed by:

> dele (de + ele) *his*   deles (de + eles) *their*
> dela (de + ela) *her*   delas (de + elas) *their*

> Onde está o livro dele? *Where is his book?*
> Onde moram os primos dela? *Where do her cousins live?*

II. Os Pais, Os Tios, ETC. The masculine plural of certain nouns is used collectively to include both genders.

> os pais *the parents*
> os irmãos *the brothers and sisters*
> os tios *the uncle and aunt*

(*a*) The idiomatic expressions, "an uncle of mine," "a cousin of mine," etc. are rendered in Portuguese as **um tio meu, um primo meu,** etc.

Um tio meu é professor de inglês. *An uncle of mine is a teacher of English.*

EXERCISES

A. *To be read and translated into English.* Meu tio João vive nos Estados Unidos. Minha tia Maria vive nos Estados Unidos também. Meus irmãos vivem no Brasil.

— Sta. White, onde estão seus pais? — Meus pais estão agora no Brasil. Viajam muito no Brasil porque falam português muito bem.

— Maria, seu pai é médico, não é verdade? — Sim, senhor; meu pai é médico; e meu irmão é advogado. — Onde vivem seus pais? Vivem na cidade? — Não, senhor; vivem na roça.

— Quando fumam os Srs.? — Fumamos quando descansamos e quando trabalhamos. — Onde fumam os Srs.? — Fumamos em casa; não fumamos na escola.

— Porque não estuda você a sua lição de português? — Porque o meu livro não está aqui. A irmã de Pedro estuda muito; ela aprende bem todas as lições. Os pais dela não vivem na cidade. Ela vive com parentes.

— O pai de Paulo é um bom advogado; o irmão dele é advogado também. Na família de Paulo há muitos advogados. O irmão de Maria é médico; mas a irmã dela é professora. Um primo meu é professor de português.

B. *To be translated into Portuguese.* 1. All my relatives live in Brazil. 2. Her brother is a good lawyer. 3. His mother and his aunt are travelling in the United States. 4. Where are your notebooks? 5. Why are they always smoking when they are in the house? 6. Do they smoke in your house too, Mr. Wilson? 7. My brothers and sisters are all rich. 8. There are many farmers in our city. 9. Why don't you read your newspapers? 10. He arrives late at our class every day. 11. We always eat early. 12. My nephews and nieces do not live here. 13. The book is mine. 14. My niece and uncle are here.

C. *To be answered in Portuguese.* 1. O Sr. mora com seus pais? 2. Onde está seu irmão? 3. Vive seu pai no Brasil? 4. É seu pai médico ou advogado? 5. Que é (i.e. of what profession) seu tio, Sta. Wilson? 6. Tem muitos parentes aqui? 7. Onde vive a sua família? 8. O senhor fuma quando estuda? 9. Onde estuda a Sta.? 10. Descansam os Srs. quando estão em casa? 11. Quando come a Sta.? 12. Há muita gente que fala português nos Estados Unidos?

D. *To be filled in with the proper word or words in Portuguese.* 1. Meu pai e meu tio são (lawyers). 2. (My parents) moram na roça. 3. (All my relatives) estão hoje aqui. 4. (We eat) todos os dias. 5. Na escola (we do not rest). 6. Meus pais (travel) no Brasil. 7. (I smoke) quando estou em casa. 8. Não fumamos (when we are in the classroom).   9. (My aunt) está agora no Brasil.   10. (The farmers) comem muito.   11. (Her books) não estão aqui.   12. (But ours) estão aqui.   13. Tenho o livro (in my hand).

E. *Ten-minute quiz; 5 per cent for each correct answer.*

1. we are happy and gay
2. they are sad
3. my aunt is rich
4. the other book is not bad
5. some are good
6. he describes Brazil
7. we live in the country
8. our lives are not unhappy
9. every day
10. he enters the classroom
11. we always work
12. today it is impossible
13. there are pupils here
14. as far as Brazil
15. he arrives early
16. we read newspapers
17. a good grammar book
18. our notebook
19. a yellow pen
20. brown, blue, and red books

LESSON X

RADICAL–CHANGING VERBS

Vocabulary

a vez (*pl.* as vezes) time
abrir to open
acabar to finish
acordar to awaken
começar to begin
dormir to sleep
fechar to close

preferir to prefer
procurar to try; to search; to seek
repetir to repeat
tornar to do again; to return
antes de before (*time*)
então then

uma vez once
duas vezes twice
outra vez again
às vezes, algumas vezes sometimes
muitas vezes often, many times

I. Radical-changing Verbs. Many verbs undergo a change in accent, pronunciation, and spelling of the radical in the present indicative, and in certain other forms. Most verbs of the third conjugation with **e** or **o** in the stem change those vowels to **i** and **u** in the first person of the present indicative.

Present indicative of **repetir** *and* **dormir**

repito	durmo
repetes	dormes
repete	dorme
repetimos	dormimos
repetis	dormis
repetem	dormem

II. Complementary Infinitives. An infinitive is said to be complementary when it completes the idea begun by the main verb. ("He tried to learn it." "We must begin it today.") In Portuguese the complementary infinitive may be introduced by the preposition **a** or **de,** or by no preposition at all, depending on the requirements of the principal verb.

Aprendemos a falar português.　*We learn to speak Portuguese.*
Começamos a escrever inglês.　*We begin to write English.*
Procuram dormir aqui.　*They try to sleep here.*
Prefiro ler um livro.　*I prefer to read a book.*
Precisa de estudar.　*She needs to study.*

(*a*) Note that **acabar** (to finish) when followed by the preposition **de** and an infinitive, expresses immediate past as expressed in English by the words "to have just . . ."

Ele acaba de ler a sua lição.　*He has just read his lesson.*

III. Repetition of an Action. The idea "again" may be expressed in two ways:

(*a*) **Outra vez** (meaning "once more," "again"):

Estudo a lição outra vez.　*I study the lesson again.*

(*b*) **Tornar a** + infinitive:

Torno a estudar a lição.　*I study the lesson again.*

IV. Prepositional Phrases. The infinitive is the verb form used in Portuguese after prepositions. In English, the gerund, ending in "–ing," is the verb form used with most prepositions.

antes de acordar　*before awaking*
depois de comer　*after eating*

EXERCISES

A. *To be read and translated into English.* João e Maria estudam muito. Estudam antes da classe e depois da classe.

Depois de entrar na aula o aluno abre o livro e começa a ler. O professor também abre o seu livro. Então o professor começa a explicar a lição aos alunos. Ele explica a lição uma vez. Alguns alunos não compreendem bem porque não prestam atenção. O professor torna a explicar tudo. Outra vez, muitas vezes ele repete tudo. Os alunos procuram compreender. Algumas vezes eles compreendem o que o professor explica, mas não pronunciam bem todas as palavras.

Depois de escrever tudo no caderno o aluno fecha o livro. O professor também fecha o seu livro. Todos procuram descansar um pouco.

Os alunos não dormem na classe. Quando um aluno dorme na classe, o professor acorda o aluno.

B. *To be translated into Portuguese.* 1. I don't sleep very much. 2. Sometimes we don't understand what you read. 3. Everyone tries to understand the lesson in the class. 4. We repeat every sentence twice. 5. He tries to sleep. 6. After sleeping he begins to study his lessons. 7. They open their books and begin to read. 8. We prefer to live in the country. 9. What books do you prefer to read? 10. We close our books. 11. We study the lesson once, twice, many times. 12. Often he does not study. 13. We have just studied our lessons. 14. We learn to read Portuguese.

C. *To be answered in Portuguese.* 1. O Sr. estuda muitas vezes a sua lição? 2. Os alunos abrem os seus livros antes de começar a lição? 3. Quando começa o aluno a estudar a lição? 4. O professor repete muitas vezes as palavras? 5. Que prefere a Sta. ler? 6. Compreendem todos os alunos todas as palavras? 7. O professor procura explicar tudo bem? 8. Quando fecham os alunos os seus livros? 9. O aluno estuda outra vez a lição depois da classe? 10. Todos estudam muito na classe de português, não é verdade? 11. Há muitas ou poucas lições no livro de português? 12. O aluno acorda muito cedo? 13. Que estuda o aluno antes da classe?

D. *To be filled in with the proper word or words in Portuguese.* 1. (Often) estudamos a nossa lição outra vez. 2. (All) preferem ler um bom livro. 3. (We always open) os nossos livros. 4. (He doesn't try to study) a lição. 5. Estudamos (again) a nossa lição. 6. Os alunos (prefer to rest) depois da classe. 7. Meus pais (are here again). 8. Meus tios (prefer to live) na roça. 9. (I always sleep) depois de estudar. 10. O professor explica todas as palavras (twice). 11. (I repeat many times.) 12. Ela acorda (sometimes) tarde. 13. (I have just read) o livro. 14. (Then I begin to study) a lição.

E. *Ten-minute quiz; 5 per cent for each correct answer.*

1. I repeat once	5. he prefers
2. I sleep	6. again
3. we awaken	7. that which
4. they begin	8. a happy day

9. a poor city
10. many persons
11. some pupils
12. many people
13. we start again
14. it is good
15. there are many
16. it is necessary
17. they often arrive early
18. a green paper
19. the blackboard
20. good colors

LESSON XI

PERSONAL PRONOUNS AFTER PREPOSITIONS

VOCABULARY

a cabeça head	**comprar** to buy
a camisa shirt	**gostar (de)** to like
o chapéu hat	**longe (de)** far (from)
a flor flower	**perto (de)** near
a janela window	**por** by; for
a loja store	**sem** without
a meia stocking	**alguém** someone; anyone
o par pair	**nada** nothing
a porta door	**nenhum (nenhuma; nenhuns,**
a roupa clothing	**nenhumas)** no one; none
o sapato shoe	**ninguém** no one
o terno man's suit	**nunca** never
o vestido dress	

I. PERSONAL PRONOUNS AFTER PREPOSITIONS. The personal pronoun forms used after prepositions are:

(*a*) Used after **a** (to), **de** (of), **por** (by), **para** (for):

mim (me)	**nós** (us)
ti (thee)	**vós** (you)
ele (him, it)	**eles** (them, *masc.*)
ela (her, it)	**elas** (them, *fem.*)
si (himself, herself, itself)	**si** (themselves)

(*b*) Used after **com** (with):

comigo (with me)	**conosco** (with us)
contigo (with thee)	**convosco** (with you)
com ele (with him, it)	**com eles** (with them, *masc.*)
com ela (with her, it)	**com elas** (with them, *fem.*)
consigo (with himself, herself, itself)	**consigo** (with themselves)

Note that "with you" (singular or plural) is translated as *com o Sr.*, *Sra.*, etc., or *com você, com vocês.*

48

II. Emphatic Negative. A negative may be made emphatic by the use of a double negative.

Não compram nada na cidade.   *They don't buy anything in the city.*
Não estudam nunca.   *They never study.*
Não dorme ninguém aqui.   *No one sleeps here.*

(*a*) If **nenhum, nada, nunca,** or **ninguém** precede the verb, **não** is omitted.

> Nada compram.   *They don't buy anything.*
> Nunca estudam.   *They never study.*
> Ninguém dorme aqui.   *No one sleeps here.*

(*b*) "No" is usually rendered in Portuguese by the single negative. If the double negative is used with **nenhum,** the singular form is preferred.

> Não tenho livros, *or*
> Não tenho nenhum livro.   *I have no books.*

III. **Gostar de.** "To like" is ordinarily translated as **gostar de.**

> Gosto do seu chapéu.   *I like your hat.*

(*a*) In a question using a verb requiring **de** and beginning with an interrogative pronoun, the preposition **de** is placed before the pronoun.

> De que gosta o senhor?   *What do you like?*

(*b*) If an adverb follows **gostar,** it is placed ordinarily between the verb and the preposition.

> Gosto muito de ler.   *I like reading very much.*

(*c*) The expressions "I like it," "I don't like it" are translated into Portuguese as **eu gosto (não gosto) dele (dela)** — according to the gender of the word to which "it" refers — or simply as **eu gosto (não gosto).**

Você gosta da casa; nós não gostamos dela.   *You like the house; we don't like it.*
Meu irmão gosta de ler; eu, não gosto (*or simply* eu, não).   *My brother likes to read; I don't.*

EXERCISES

A. *To be read and translated into English.* Na cidade há muitas lojas. Há uma loja perto da nossa casa, onde meus pais compram roupa, chapéus e sapatos para meu irmão, para mim e para minha irmã. Eu não compro nada.

Muitas vezes papai entra na loja para comprar um vestido para mamãe e sapatos para nós.

Que compram seus pais para você, João? Eles compram roupa, meias, e sapatos para mim, e também para meu irmão e minha irmã.

A nossa escola não é muito longe da nossa casa. O professor abre a porta e as janelas da aula. Os alunos entram depois dele. Todos começam a estudar. Alguns alunos escrevem com penas, outros com lápis. O professor escreve com uma pena azul. Os alunos gostam de aprender português. As alunas gostam de flores.

Aprende o aluno português sem estudar? Não, senhor; não é possível aprender nada sem estudar. Para aprender português é necessário estudar muito. Ninguém descansa antes da classe; todos descansam depois da classe. Todos os alunos procuram compreender tudo. Fuma alguém na aula? Não, senhor; ninguém fuma na aula. Nunca fumamos na aula. Quem estuda com você? Meu irmão estuda comigo.

B. *To be translated into Portuguese.* 1. I prefer to study with him. 2. He studies with you, doesn't he? 3. No one studies with me. 4. Whom do you like? 5. I don't like it. 6. No one works with us. 7. I never work here. 8. I work here sometimes. 9. I buy all my suits in a store near my house. 10. He never buys anything here. 11. He never reads any books. 12. Without pens we do not write.

C. *To be answered in Portuguese.* 1. O Sr. compra flores algumas vezes para sua mãe? 2. A Sta. onde compra vestidos? 3. É muito longe a loja onde o aluno compra os seus livros? 4. Estuda alguém na aula? 5. Gosta o aluno de estudar português? 6. Tem muitos pares de sapatos? 7. Você entra na aula comigo? 8. Os alunos fumam algumas vezes na aula? 9. Tenho eu o chapéu na cabeça? 10. O professor entra na aula sem livros? 11. De que gosta o aluno: de ler ou escrever português? 12. O aluno escreve sem pena ou lápis?

D. *To be filled in with the proper word or words in Portuguese.* 1. (Sometimes) estudamos na aula. 2. (We never study) aqui. 3. Compra

o aluno (his hats) na loja?   4. (They close) a porta e as janelas.
5. O vestido não é (for me).   6. (We do not like John's house.)
7. (We have no) livros.   8. (Has anyone) a minha pena?   9. (He
never buys anything) na loja de meu pai.   10. A minha casa (is
very far).   11. (It is near my house.)   12. (He always enters) na
aula comigo.

E. *Ten-minute quiz; 5 per cent for each correct answer.*

1. many flowers
2. my head and hands
3. a pair of shoes
4. we finish the lesson
5. I sleep well
6. she awakens early
7. we begin late
8. they repeat the lesson before
   the class
9. whom do you seek?
10. he is a lawyer
11. in the United States
12. they travel a great deal
13. when he arrives
14. they live in the country
15. he has another book and
    likes it
16. this is for us
17. many people
18. it is not necessary
19. a yellow book
20. after the lesson

LESSON XII

PRESENT INDICATIVE OF SOME IRREGULAR VERBS

VOCABULARY

a cousa thing
o dicionário dictionary
o dinheiro money
o exemplo example
a fazenda farm
a igreja church
o progresso progress
o trabalho work
desejar to wish
dizer to say, to tell

fazer to do; to make
ir to go
mostrar to show
poder to be able; can
querer to want
ver to see
vir to come
visitar to visit
brasileiro Brazilian

de vez em quando from time to time, occasionally
alguma cousa something
por exemplo for example, for instance

I. PRESENT INDICATIVE OF SOME IRREGULAR VERBS.

dizer	*fazer*	*ir*	*poder*	*querer*	*vir*	*ver*
digo	faço	vou	posso	quero	venho	vejo
dizes	fazes	vais	podes	queres	vens	vês
diz	faz	vai	pode	quer	vem	vê
dizemos	fazemos	vamos	podemos	queremos	vimos	vemos
dizeis	fazeis	ides	podeis	quereis	vindes	vedes
dizem	fazem	vão	podem	querem	vêm	vêem

II. PERSONAL OBLIGATION. "To have to" ("must") is expressed by **ter que** (or **ter de**) + the complementary infinitive.

Tenho que ir à escola hoje. *I have to go to school today.*
Temos de estudar a lição. *We have to study the lesson.*

Note the difference between the following sentences:

Tenho que estudar uma lição. *I have to (must) study a lesson.*
Tenho uma lição para estudar. *I have a lesson to study.*

52

III. "To Be Going to," "To Be Coming to." These phrases have as their counterparts in Portuguese the verbs **ir** + infinitive, and **vir** + infinitive.

Vou escrever alguma cousa.   *I am going to write something.*
Vêm ver a nossa fazenda.   *They are coming to see our farm.*

IV. Progressive Action. Progressive action may be expressed by a present participle (see Lesson XXVI), as in English, or by **estar a** + complementary infinitive.

Ele está estudando, *or*
Ele está a estudar a lição.   *He is studying the lesson.*

Note that if motion is expressed, **ir** or **vir** may be used instead of **estar.**

Vem a ler um jornal.   *He comes reading a paper.*
Vão a falar português.   *They go speaking Portuguese.*

V. **Aonde, Donde. A onde** (to where) contracts to **aonde; de onde** (from where) contracts to **donde.**

Aonde vai o professor?   *Where is the teacher going?*
Donde vem ele?   *From where does he come?*

EXERCISES

A. *To be read and translated into English.* A nossa classe de português está a fazer progresso. Todos os alunos podem pronunciar e ler bem as palavras. Alguns alunos falam português com o professor. O nosso professor não é brasileiro, mas fala bem português.

Quero visitar o Brasil porque o professor diz que há muitas cousas interessantes para ver no Brasil. Quero visitar algumas cidades brasileiras. Quero ver algumas das igrejas que ele descreve de vez em quando na classe. Também quero visitar algumas fazendas.

De vez em quando vou visitar o nosso professor na sua casa. Quando visito o professor ele fala comigo em português. Ele sempre gosta de mostrar aos alunos os seus livros. O professor tem muitos livros brasileiros na sua casa. Tem também alguns bons dicionários. Tenho que comprar um bom dicionário português-inglês para poder aprender a falar bem português. João e Maria também aprendem a falar português. Todos estamos a estudar português. Eu preciso de estudar muito para aprender alguma cousa.

B. *To be translated into Portuguese.* 1. All the pupils who have books and study make progress. 2. Once in a while we go to visit our relatives in the country. 3. I have an uncle who has a very good farm. 4. There is much work on a farm. 5. There are many things to see in Brazil. 6. Why can't I understand all the words that the teacher says in the Portuguese class? 7. Sometimes I do not understand what you say. 8. He says that he cannot come to see us today. 9. I wish to show you all my books. 10. Is there anything you want to say in Portuguese? 11. He wants, for example, to say that he cannot go with us. 12. He comes reading a book.

C. *To be answered in Portuguese.* 1. O Sr. pode falar bem português? 2. Vai a Sta. à igreja hoje? 3. Trabalham muito todos os fazendeiros? 4. Você tem um bom dicionário português? 5. Você tem muito dinheiro? 6. A classe de português faz muito progresso, não é verdade? 7. O Sr. pode dizer em português quando vem à classe? 8. Deseja visitar o Brasil? 9. Que estamos a fazer aqui? 10. Donde vem o aluno antes da classe e aonde vai depois da classe? 11. O Sr. é brasileiro? 12. Os alunos têm que estudar muito para aprender português?

D. *To be filled in with the proper word or words in Portuguese.* 1. (We have something) que dizer. 2. (He does not make) progresso. 3. (We can say) muitas cousas em português. 4. (She doesn't see) tudo. 5. (Who wants) estudar hoje? 6. (They come to visit) a nossa escola. 7. (Where is he going) com o professor? 8. (I can come to visit) o seu pai. 9. Leio um livro (once in a while). 10. (We are studying) português. 11. (I cannot see) as palavras. 12. (I want) um dicionário.

E. *Ten-minute quiz; 5 per cent for each correct answer.*

1. many things
2. for example
3. their books
4. I do not buy anything
5. very far
6. a blue shirt
7. a great deal of money
8. no one is here
9. before entering the school
10. I say something
11. I open the book many times
12. he repeats the lesson
13. he seeks the teacher
14. they like to begin early; I don't like it
15. he lives in the country
16. a lawyer and a physician
17. a sad life
18. he starts his work late
19. they are very unhappy
20. it is impossible to buy books

LESSON XIII

PERSONAL PRONOUNS (Direct and Indirect Object)

Vocabulary

a **América** America
a **Europa** Europe
Lisboa Lisbon
Portugal Portugal
a **diferença** difference
a **língua** language
o **mapa** map
o **norte** north
o **país** country

a **parede** wall
o **sul** south
conhecer to know (to be acquainted)
dar to give
saber to know (facts), to know how
traduzir to translate
francês French
entre between; among
enquanto while; as long as

a **América do Norte** North America
a **América do Sul** South America
ir para casa to go home

I. PERSONAL PRONOUNS. The personal pronouns used as direct and indirect objects of the verb without a preceding preposition are:

Direct Object	Indirect Object
me (me)	**me** (to me)
te (thee)	**te** (to thee)
o (him, it; you)	**lhe** (to him, to her, to it; to you)
a (her, it; you)	**nos** (to us)
nos (us)	**vos** (to you)
vos (you)	**lhes** (to them; to you)
os (them, *masc.;* you)	
as (them, *fem.;* you)	

(a) The direct object pronoun *you* is generally expressed by **o, a, os, as.**

Vejo-o (o Sr.) na classe. *I see you in the class.*

(b) The indirect object pronoun *to you* is generally expressed by **lhe, lhes.**

Ensino-lhe (ao Sr.) a lição. *I teach you the lesson.*

55

(*c*) The personal pronoun used as the object of a verb regularly stands immediately after the verb and is connected with it by a hyphen. But it stands in front of the verb, and no connecting hyphen is used, in the following cases:

(1) in a negative clause.
(2) in clauses introduced by **que**.
(3) in questions introduced by **quem**.
(4) in clauses beginning with an adverb.

Não lhe explica a lição. *He does not explain the lesson to him.*
Que me explica ele? *What does he explain to me?*
Quem nos explica as dificuldades? *Who explains the difficulties to us?*
Muito bem lhe explica ele tudo. *He explains all to him very well.*

(*d*) The object pronoun may stand before or after an infinitive or a present participle. It is never placed after a past participle.

Quero ler-lhe (*or*, lhe ler) um livro. *I want to read to you a book.*

Note that although colloquially done, it is incorrect to start the sentence with the object pronoun. If necessary, use the subject pronoun to avoid starting the sentence with the object pronoun.

Diz-me tudo, *or*
Ele me diz tudo. *He tells me everything.*

II. Indirect and Direct Pronouns Used Together. When indirect and direct object pronouns are used together, they are contracted, the indirect pronoun coming first.

me + o	mo	nos + o	no-lo
me + os	mos	nos + os	no-los
me + a	ma	nos + a	no-la
me + as	mas	nos + as	no-las
te + o	to	vos + o	vo-lo
te + os	tos	vos + os	vo-los
te + a	ta	vos + a	vo-la
te + as	tas	vos + as	vo-las
lhe + o	lho	lhes + o	lho
lhe + os	lhos	lhes + os	lhos
lhe + a	lha	lhes + a	lha
lhe + as	lhas	lhes + as	lhas

Explica-ma todos os dias.   *He explains it to me every day.*
Explica-no-la sempre.   *He always explains it to us.*

III. Changes in Direct Object Pronouns.

(*a*) If the verb ends in **r, s,** or **z,** these letters are dropped before adding the direct object pronoun **o (os), a (as),** which then takes the form **-lo (-los), -la (-las).**

> É difícil compreendê-lo.   *It is difficult to understand it.*
> Estudamo-la todos os dias.   *We study it every day.*
> Fá-lo sempre.   *He does it always.*

Note that an accent (acute for open "a," "e," "o" and for "i," circumflex for closed "a," "e," "o") is added to the final vowel of the verb if it is stressed.

> estudá-lo   *to study it*
> fazê-lo   *to do it*
> traduzí-lo   *to translate it*

(*b*) If the verb form ends in **m,** the direct object pronouns **o, os, a, as** when affixed to the verb become **no, nos, na, nas.**

> Os alunos estudam-na muito.   *The pupils study it a great deal.*

IV. Definite Article with Names of Countries and Cities.

In general, the definite article is used before the names of countries and continents, and is omitted before the names of cities.

> a Europa   os Estados Unidos
> a América do Norte   o Brasil
> Lisboa

(*a*) There are a few exceptions among the names of countries, such as Portugal, Cuba, El Salvador, Honduras, which do not take an article.

(*b*) The names of cities derived from geographical features such as a river, a bay, etc., take the definite article.

> o Rio de Janeiro   o Porto
> a Bahia   o Recife

V. Saber and Conhecer.

Saber is used to express *to know* facts, and *to know how;* and **conhecer,** in the sense of *being* *acquainted.* The Present Indicative of **saber** is **sei, sabes, sabe, sabemos, sabeis, sabem.** The Present Indicative of **conhecer** is **conheço, conheces, conhece, conhecemos, conheceis, conhecem.**

> Não sabemos a lição. *We do not know the lesson.*
> Conheço o aluno. *I know the pupil.*
> Ele sabe estudar. *He knows how to study.*

VI. Dar (to give). The Present Indicative of **dar** is **dou, dás, dá, damos, dais, dão.**

EXERCISES

A. *To be read and translated into English.* Temos alguns mapas na nossa aula. Em cada parede há um mapa. Há mapas da América do Norte, da América do Sul, da Europa e dos Estados Unidos. Enquanto estudamos o mapa da América do Norte o professor fala-nos dos Estados Unidos e descreve as diferenças entre as cidades.

Depois estudamos o mapa da Europa e ele mostra-nos Portugal e os outros países da Europa. Mostra-nos Lisboa. Explica-nos as diferenças entre as línguas da Europa. Sempre nos diz que cada país tem cousas muito interessantes.

Meu pai diz-me que o professor fala muito bem português. Eu sei que ele fala inglês e que pode falar também francês. De vez em quando vejo-o ler jornais e livros franceses. Muitas vezes ele procura explicar-me alguma cousa em francês, mas eu não o compreendo.

Depois da classe vou para casa e estudo as minhas lições de português porque quero poder falá-lo e compreendê-lo bem. Quero ir ao Brasil e a Portugal algum dia.

B. *To be translated into Portuguese.* 1. We cannot translate it. 2. He explains the difficulties to us but we do not understand them. 3. French is a difficult language. 4. I want to know Lisbon. 5. The teacher knows all the pupils. 6. He knows us very well. 7. There are differences between the Portuguese of Portugal and the Portuguese of Brazil. 8. In Rio de Janeiro there are many Portuguese. 9. I know some of the countries of Europe. 10. We always give them (*masc.*) to him. 11. She does not have them (*fem.*). 12. Can you translate them (*masc.*) all?

C. *To be answered in Portuguese.* 1. O Sr. pode mostrar-me o Rio de Janeiro no mapa do Brasil? 2. A aluna conhece todos os alunos da classe de português? 3. Sabe falar francês? 4. Há muitas diferenças entre o português e o francês? 5. Quem lhe explica a lição de português? 6. Que línguas fala o aluno? 7. Há algum mapa na parede da aula? 8. Em que país vive o aluno? 9. O aluno sabe traduzir todas as palavras portuguesas? 10. Há muitas igrejas na cidade? 11. Quer ler todas as lições? (*Answer using object pron.*) 12. Falam todos os alunos bem a língua portuguesa? (*Answer using object pron.*) 13. Quem lhe dá livros?

D. *To be filled in with the proper word or words in Portuguese.* 1. Ela explica-(it to us). 2. Não podemos (to translate it). 3. Quer você (to show it to them)? 4. (I know him well.) 5. (Portuguese) é a língua do Brasil. 6. (They don't know it [*fem.*]) hoje muito bem. 7. (But I know it [*fem.*]) sempre bem. 8. (I want to explain them to you.) 9. (I have all the maps) aqui. 10. (I can show you) o mapa do Brasil. 11. Conheço (Lisbon and Rio de Janeiro). 12. (I see them) na classe. 13. (I am going home) agora.

E. *Ten-minute quiz; 5 per cent for each correct answer.*

1. who are you?
2. with whom do you speak?
3. he speaks Portuguese well
4. all my brothers
5. all the woman's rings
6. the man's wife
7. many months
8. they are diligent
9. he pronounces badly
10. why do you study?
11. the boys and their mothers
12. to pay attention
13. a good vocabulary
14. they read every lesson
15. our notebooks are brown
16. it is very interesting
17. they are not useful
18. it is impossible
19. as far as Lisbon
20. he enters the classroom

LESSON XIV

PRETERIT INDICATIVE — ORTHOGRAPHICAL CHANGES OF VERBS

Vocabulary

o almoço lunch
o amigo friend
o cigarro cigarette
a comida food
a conta bill
o garção (*pl.* garções) waiter
a gorgeta tip
o jantar dinner
o primeiro almoço breakfast
a refeição meal

o restaurante restaurant
almoçar to lunch
encontrar to meet; to find
jantar to dine
pagar (a) to pay
depressa fast
devagar slowly
geralmente generally
ontem yesterday
mais more

fazer uma refeição to eat a meal
obrigado, obrigada obliged; thanks, thank you
não há de quê don't mention it
de nada not (nothing) at all
gostar mais de to like better (best)

I. Preterit Indicative. Portuguese verbs have two forms of the past tense: the preterit and the imperfect indicative. The preterit indicative corresponds more closely to the English past tense and is used to express an action completed in a definite time. (See Lesson XV for the uses of the imperfect indicative.) The preterit endings are:

First Conjugation	Second Conjugation	Third Conjugation
–ei	–i	–i
–aste	–este	–iste
–ou	–eu	–iu
–ámos	–emos	–imos
–astes	–estes	–istes
–aram	–eram	–iram

60

II. Preterit Indicative of **Jantar** (*1st conj.*), **Comer** (*2nd conj.*), and **Partir** (*3rd conj.*).

jantar	*comer*	*partir*
jantei	comi	parti
jantaste	comeste	partiste
jantou	comeu	partiu
jantámos	comemos	partimos
jantates	comestes	partistes
jantaram	comeram	partiram

III. Orthographical Changes of Verbs. It is some-times necessary to change slightly the spelling of the stem of verbs ending in **–car, –çar, –cer, –gar, –ger, –gir, –guir** in order to preserve the pronunciation of the **c** and **g** of the infinitive, since **c** and **g** are pronounced differently when followed by **a, o, u** than when followed by **e, i.**

Thus: paguei (*not* pagei) (*inf.* pagar)
cheguei (*not* chegei) (*inf.* chegar)
comecei (*not* começei) (*inf.* começar)
conheço (*not* conheco) (*inf.* conhecer)
distingo (*not* distinguo) (*inf.* distinguir [to distinguish])
fujo (*not* fugo) (*inf.* fugir [to run away])

IV. **Ao** + Infinitive. The English phrase, "on" + gerund ("on hearing," "on learning," etc.), is expressed in Portu-guese by **ao** + infinitive.

ao encontrá-lo   *on meeting him*
ao entrar na casa   *on entering the house*

V. Preterit Indicative of **Dar.** The preterit indicative of **dar** is: **dei, deste, deu, demos, destes, deram.**

VI. **Obrigado** (**Obrigada**). The expressions "thanks," "thank you" are commonly translated as **obrigado** (**obri-gada**) agreeing with the gender of the speaker.

VII. **Pagar** (to pay). **Pagar** requires the preposition **a** when followed by an indirect object.

Pagámos ao garção.   *We paid the waiter.*

VIII. **Quê, Porquê.** **Que** (what), and **porque** (why) are
written with a circumflex accent on the "e," when used at
the end of a clause.

Não há de quê. *Don't mention it.*
Não sei porquê. *I don't know why.*

EXERCISES

A. *To be read and translated into English.* Geralmente fazemos todas
as refeições — primeiro almoço, almoço e jantar — em casa porque
gostamos mais da comida que mamãe prepara. Mas ontem — não
sei porquê — jantámos num restaurante perto da nossa casa.

Encontrámos alguns amigos com quem papai e mamãe falaram.
Ao entrar no restaurante encontrámos um garção que papai conhece.
Ele nos deu uma boa mesa perto duma janela.

Meus pais comeram pouco e devagar; minha irmã e eu comemos
muito e depressa. Todos gostámos muito da comida.

Depois do jantar papai fumou um cigarro, falou com o garção,
e pagou a conta. Ao pagar ao garção, papai deu-lhe uma gorgeta.
Quando lhe dá uma gorgeta o garção sempre diz: Muito obrigado.
E papai diz: De nada.

Depois de chegar a casa eu e minha irmã estudámos as nossas
lições e papai leu um jornal.

B. *To be translated into Portuguese.* 1. I paid all the bills. 2. Generally he does not talk when he eats. 3. Yesterday he talked and
did not eat. 4. I knew him well. 5. I always give him a tip
when I eat here. 6. He always says to the waiter: the food is very
good. 7. I smoked a cigarette before going home. 8. I met your
friend yesterday. 9. Did your brother eat slowly? 10. Generally
we eat our lunches and dinners here. 11. I understood everything.
12. Can you tell me where there is a good restaurant? 13. He
translated the words.

C. *To be answered in Portuguese.* 1. Você tem muitos amigos aqui?
2. Gosta a Sta. de fumar? 3. Quando jantou você num restaurante? 4. Os Srs. dão uma gorgeta ao garção quando jantam num
restaurante? 5. Come você depressa ou devagar? 6. Que diz o
garção quando alguém lhe dá uma gorgeta? 7. Onde almoça e
janta você? 8. Quem paga a conta quando o Sr. vai jantar com
um amigo num restaurante? 9. A Sta. gosta mais de comer em
casa? 10. Que refeições faz você em casa? 11. O professor fala

português depressa ou devagar? 12. De que gosta mais você: de comer em casa ou num restaurante?

D. *To be filled in with the proper word or words in Portuguese.* 1. (We ate) ontem num restaurante. 2. (Our friends) gostam de fumar. 3. (The food) aqui é muito boa. 4. (I gave him) uma gorgeta. 5. O garção sempre diz: (Much obliged). 6. (They read it) devagar. 7. Comemos (fast). 8. (I paid the bill) ontem. 9. (I did not pay it) ao garção. 10. Eu sempre digo: (Don't mention it). 11. (I met them) ontem. 12. (We like better the food) que mamãe prepara. 13. (We eat breakfast) em casa. 14. (Who translated) o livro?

E. *Ten-minute quiz; 5 per cent for each correct answer.*

1. don't mention it
2. South America
3. the map of Europe
4. he speaks French
5. I wish to know Portugal
6. the north and the south
7. a difficult language
8. many differences
9. we don't know him
10. among the pupils
11. a great deal of work
12. our farm
13. he makes a good deal of progress
14. they come with us
15. we see all the words
16. he showed us his books
17. we have a good dictionary
18. it is a good example
19. we cannot come
20. she likes the flowers

LESSON XV

IMPERFECT INDICATIVE

Vocabulary

a garrafa bottle	**cortês** polite, courteous
a noite evening, night	**maior** larger
a parte part	**ocupado** busy, occupied
o vinho wine	**tal** such, such a
agradecer to thank	**adeus** good-bye
pedir to ask (*for something*)	**ainda** yet
perguntar to ask (*a question*)	**já** already
responder to answer	**logo** soon; immediately

por toda a parte everywhere
já não no longer, no more, not any more
ainda não not yet
a maior parte de most of
bom dia (bons dias) good morning
boa noite (boas noites) good evening; good night
boa tarde (boas tardes) good afternoon
até logo so long!

I. IMPERFECT INDICATIVE. The imperfect indicative endings are:

First Conjugation	Second and Third Conjugations
–ava	–ia
–avas	–ias
–ava	–ia
–ávamos	–íamos
–áveis	–íeis
–avam	–iam

II. IMPERFECT INDICATIVE OF **Entrar, Comer, Partir:**

entrar	*comer*	*partir*
entrava	comia	partia
entravas	comias	partias
entrava	comia	partia
entrávamos	comíamos	partíamos
entráveis	comíeis	partíeis
entravam	comiam	partiam

64

III. Imperfect Indicative of Ser, Ter, Vir, and Ir:

ser	ter	vir	ir
era	tinha	vinha	ia
eras	tinhas	vinhas	ias
era	tinha	vinha	ia
éramos	tínhamos	vínhamos	íamos
éreis	tínheis	vínheis	íeis
eram	tinham	vinham	iam

IV. Uses of the Imperfect Indicative.

(*a*) To express an action or state going on or continuing in the past.

> Todos trabalhavam.   *Everyone was working.*
> Viviam na cidade.   *They were living in the city.*

(*b*) To express a repeated or customary action or state in the past.

> Sempre comiam em casa.   *They always used to eat at home.*

V. Position of Adjectives.
Sometimes for emphasis the adjective is used before the noun to which it refers instead of after.

> Tinha um bom livro.   *He had a good book.*

Note that sometimes the adjective placed before the noun expresses a different meaning.

> um grande homem   *a great man*
> um homem grande   *a large man*

VI. Agreement of Adjectives.
When the adjective modifies more than one noun:

(*a*) it is used in the masculine plural if it refers to two or more singular or plural nouns of the masculine gender or of mixed genders.

> A tinta e o lápis são pretos.   *The ink and the pencil are black.*
> O papel e o giz são brancos.   *The paper and the chalk are white.*

(*b*) it is used in the feminine plural if it refers to two or more nouns of the feminine gender.

> As casas e as ruas são alegres.   *The houses and the streets are gay.*

VII. Tal. The expressions "such a," "such an" are translated by **tal** without the article.

Não conheço tal professor.   *I don't know such a teacher.*

VIII. PRETERIT INDICATIVE OF **Dizer** (to say) AND **Vir** (to come).

dizer	*vir*
disse	vim
disseste	vieste
disse	veio
dissemos	viemos
dissestes	viestes
disseram	vieram

EXERCISES

A. *To be read and translated into English.* Ontem estava um pouco cansado e perguntei a minha família: Vocês querem ir jantar num restaurante? Sim, responderam todos. Sempre gostamos de comer num restaurante.

Enquanto íamos para o restaurante, encontrámos alguns amigos: um médico e sua família, um advogado francês, e algumas outras pessoas que conhecemos muito bem. Ao encontrá-las, dissemos-lhes: Boa tarde, como estão?

Encontrámos à porta do restaurante um garção que conhecemos. Disse-nos ele: Boa tarde. Eu perguntei-lhe: Paulo, você está muito ocupado? Queremos uma mesa perto da janela. Paulo respondeu: Não estou ocupado agora. As mesas ainda não estão todas ocupadas. Aqui têm uma perto da janela.

Pedimos um bom jantar. Eu pedi também vinho.

Enquanto preparavam a comida, eu li um jornal. Também falei com algumas pessoas que entraram enquanto comíamos.

— Um bom jantar, não é verdade? disse eu a minha família. Todos disseram que a comida era boa no restaurante. Ao pagar a conta ao garção, dei-lhe uma gorgeta e disse-lhe: Gostámos muito do jantar, Paulo. O garção agradeceu e disse-nos: Boa noite. Quando íamos para casa encontrámos mais alguns amigos.

B. *To be translated into Portuguese.* 1. I asked for wine. 2. We eat in a restaurant often. 3. We were busy. 4. She was not there any more. 5. He asked him: Are you busy? 6. They are already occupied. 7. Most of the pupils were going to their classes.

8. They speak Portuguese everywhere. 9. She and her husband used to be very polite. 10. He thanked us. 11. "So long," they said to us. 12. I don't know such a pupil. 13. After studying the lesson we closed our books immediately.

C. *To be answered in Portuguese.* 1. O Sr. quer uma garrafa de vinho? 2. São todos os garções do restaurante corteses? 3. Já falam todos os alunos bem português? 4. Que responde quando um amigo lhe diz: como está? 5. Que dizem os alunos ao professor depois da classe? 6. Está aqui hoje a maior parte da classe de português? 7. Que dizia o Sr. quando entrou na classe? 8. Está muito ocupado todas as noites? 9. Onde vive a maior parte dos seus parentes? 10. Que diz quando encontra um amigo? 11. Onde prefere comer? 12. Há bons restaurantes na cidade?

D. *To be filled in with the proper word or words in Portuguese.* 1. Não gostamos de (wine). 2. (He answered) que não estava ocupado. 3. São muito (polite). 4. Temos amigos (everywhere). 5. O garção disse-me: (Good evening). 6. (So long), disse eu ao meu amigo. 7. A minha casa é (larger). 8. Respondeu-me: (Not yet). 9. (Most of my friends) não vive aqui. 10. Ele não chegou (yet). 11. Não vivem aqui (now). 12. (He is not here any more.) 13. They never had food when I came. 14. (Polite) homens e mulheres. 15. (When they were leaving.)

E. *Ten-minute quiz; 5 per cent for each correct answer.*

1. a bottle of wine
2. he always answered well
3. she asked for a pencil
4. they thanked him
5. he is not polite; I don't like him
6. he and his sister are always busy
7. good-bye
8. not yet
9. then I paid the bill
10. we work hard
11. we know how to do it and always do it
12. he is not able to do it
13. she wishes to read them
14. he showed it to his friends
15. I visited my parents
16. I bought good pencils and books
17. it is a good pair of shoes
18. I did not buy anything then
19. she came without a book
20. they used to live here

LESSON XVI

PRESENT AND PRETERIT INDICATIVE OF SOME IRREGULAR VERBS

VOCABULARY

a **água** water
o **café** coffee
o **cardápio** menu, bill of fare
a **carne** meat
a **chícara** cup
o **copo** glass
a **fruta** fruit
o **legume** vegetable
o **leite** milk
a **manteiga** butter

o **queijo** cheese
a **sopa** soup
acrescentar to add
beber to drink
houve there was, there were
servir to serve
trazer to bring
finalmente finally, at last
se if; whether

um copo d'água a glass of water

I. PRESENT INDICATIVE OF Pedir, Servir, Trazer.

pedir	*servir*	*trazer*
peço	sirvo	trago
pedes	serves	trazes
pede	serve	traz
pedimos	servimos	trazemos
pedis	servis	trazeis
pedem	servem	trazem

II. PRETERIT INDICATIVE OF SOME IRREGULAR VERBS.

ir	*poder*	*fazer*	*ler*
fui	pude	fiz	li
foste	pudeste	fizeste	leste
foi	pôde	fez	leu
fomos	pudemos	fizemos	lemos
fostes	pudestes	fizestes	lestes
foram	puderam	fizeram	leram

68

querer	*ter*	*trazer*	*ser*
quis	tive	trouxe	fui
quiseste	tiveste	trouxeste	foste
quis	teve	trouxe	foi
quisemos	tivemos	trouxemos	fomos
quisestes	tivestes	trouxestes	fostes
quiseram	tiveram	trouxeram	foram

III. Houve (there was, there were). **Houve,** from **haver** (to have), translates both "there was" and "there were." No subject pronoun is used with it.

Houve classe de português mas não houve classes de inglês. *There was a Portuguese class but there were no English classes.*

EXERCISES

A. *To be read and translated into English.* Geralmente comemos em casa, porque meu esposo e meu filho gostam mais da comida que eu preparo. Mas ontem eu estava um pouco cansada e meu esposo perguntou-me: Você quer ir comer hoje num restaurante? Eu respondi que sempre gostava de comer num restaurante.

Fomos a um restaurante francês que está perto da nossa casa. Ao entrar, meu esposo disse alguma cousa ao garção em francês que eu não pude compreender. O garção deu-nos uma mesa perto da janela. Depois trouxe-nos o cardápio que lemos com muita atenção.

O garção veio outra vez à nossa mesa e disse: Temos hoje um bom jantar. Meu esposo disse-lhe: É o que queremos. O garção acrescentou: Que querem beber? Meu esposo respondeu: Eu quero vinho; minha esposa quer um copo d'água e meu filho um copo de leite.

O garção serviu-nos muito bem. Trouxe-nos sopa e depois carne, legumes, pão, e manteiga. Depois trouxe-nos queijo e fruta; e finalmente trouxe-nos café.

Todos comemos muito devagar. Meu esposo falou com alguns amigos e eu falei com meu filho.

Depois do jantar meu esposo pediu a conta. Ao pagá-la, deu ao garção uma boa gorgeta e disse-lhe: Foi um bom jantar. Muito obrigado, respondeu o garção. De nada, disse meu esposo. Depois fomos todos para casa.

B. *To be translated into Portuguese.* 1. The waiter gave us a good table. 2. I asked him for bread and a cup of coffee. 3. Finally he brought us water and bread. 4. I asked him if he had good coffee. 5. I don't know why Charles did not serve us. 6. He did not bring us water. 7. He repeated the sentence twice. 8. What are you going to do now? 9. I smoked a cigarette and read the newspaper. 10. He read it and then went home. 11. He gave us a few books. 12. On arriving, he asked for a glass of milk. 13. Was there a Portuguese class?

C. *To be answered in Portuguese.* 1. Onde comeu ontem? 2. De que restaurante gosta mais? 3. Gosta de fruta e queijo? 4. Bebe leite com as suas refeições? 5. Que pede ao garção depois de entrar num restaurante? 6. Onde prefere jantar? 7. Gosta de pão e manteiga? 8. Há um bom restaurante perto da sua casa? 9. Quando lê o cardápio? 10. Quando paga a conta, antes ou depois de comer? 11. Que fez ontem à noite? 12. Que trouxe para a classe?

D. *To be filled in with the proper word or words in Portuguese.* 1. (He asked for) uma chícara de café. 2. (They did not serve us) boa fruta. 3. Gosto de (cheese and fruit). 4. Quero (a glass of milk). 5. (He asked) se eu tinha um bom livro. 6. Sempre bebemos café (after dinner). 7. Não bebemos (wine) com as nossas refeições. 8. O garção (did not bring us) água. 9. Trouxe-nos (soup and meat). 10. (We could not) ler o cardápio. 11. (They added) que não podiam ir. 12. (Finally) disse-nos que não tinha café. 13. (There were) muitas classes de inglês.

E. *Ten-minute quiz; 5 per cent for each correct answer.*

1. he speaks badly
2. but I studied
3. all the animals
4. the woman's rings
5. every month
6. he pronounces well
7. she is not lazy
8. it is difficult
9. they are ill
10. why did you do it?
11. I am here
12. he pays attention
13. he reads well
14. a little
15. every one (*fem.*)
16. white houses
17. very useful
18. it is not long
19. good colors
20. very early

LESSON XVII

IDIOMS WITH *TER* AND *FAZER* — USES OF *FICAR*

VOCABULARY

o **calor** heat	o **sono** sleep
a **chuva** rain	o **tempo** time; weather
a **fome** hunger	o **verão** summer
o **frio** cold	a **vontade** will
o **inverno** winter	**chover** to rain
a **luva** glove	**ficar** to remain; to become;
a **neve** snow	to be; to be becoming to; to
o **outono** fall, autumn	get
a **pressa** haste	**nevar** to snow
a **primavera** spring	**usar** to use; to wear
a **razão** reason	**fresco** cool
a **sede** thirst	**quente** warm, hot
o **sobretudo** overcoat	**quási** almost
o **sol** sun	**durante** during

I. Ter: IDIOMS EXPRESSING BODILY AND MENTAL STATES. In several cases where English uses the verb "to be" + an adjective to describe a personal condition, Portuguese uses **ter** + a noun to express the same idea.

ter calor to be warm	**ter pressa** to be in a hurry
ter frio to be cold	**ter sono** to be sleepy
ter fome to be hungry	**ter razão** to be right

(*a*) **Estar com** + noun may also be used to express these bodily and mental states.

Estou com calor. *I am warm.*
Estava com frio. *I was cold.*
Não estavam com sede. *They were not thirsty.*
Estava com vontade de conhecê-lo. *I wanted to know him.*
Estávamos com pressa. *We were in a hurry.*
Estão com sono. *They are sleepy.*

71

II. Fazer: IDIOMS EXPRESSING CONDITIONS OF THE WEATHER.

In cases where English uses "to be" + an adjective to describe the weather, Portuguese uses **fazer** + a noun.

Faz calor. *It is hot.*
Fez frio ontem. *It was cold yesterday.*
Não fazia sol. *The sun was not shining.*
Faz sempre bom tempo. *The weather is always fine.*
Nunca faz mau tempo. *The weather is never bad.*

(*a*) **Estar** + adjective may also express weather conditions.

Está muito quente hoje. *It is very hot today.*
Não esteve frio ontem. *It was not cold yesterday.*
Está muito fresco. *It is very cool.*

III. USES OF Ficar. Ficar expresses "to remain," "to be" (location), "to be becoming to," and "to get."

Ficou em minha casa. *It remained (was left) in my house.*
Aqui fica. *Here it remains.*
Onde fica a sua fazenda? *Where is your farm?*
Fica-lhe muito bem. *It is very becoming to you.*
Ficou bom. *He got well.*

IV. PRETERIT INDICATIVE OF SOME IRREGULAR VERBS.

estar	saber	ver
estive	soube	vi
estiveste	soubeste	viste
esteve	soube	viu
estivemos	soubemos	vimos
estivestes	soubestes	vistes
estiveram	souberam	viram

EXERCISES

A. *To be read and translated into English.* Gosto muito do verão. Nos Estados Unidos faz muito calor quási todos os dias durante o verão. De vez em quando chove um pouco e fica mais fresco. No verão não queremos trabalhar muito; queremos descansar.

Há muitas frutas, legumes e flores no verão. Quando faz muito calor não temos fome, mas sempre temos muita sede. Nunca temos pressa, porque não temos vontade de trabalhar. Não queremos fazer nada depressa.

No verão não usamos muita roupa. Algumas vezes quando está muito quente não usamos quási nada. Alguns homens não usam chapéu. Na roça muita gente não usa sapatos. Não temos que usar sobretudo ou luvas, porque não faz frio.

Muita gente gosta de viajar durante o verão. Eu gosto de estar alguns dias na roça para descansar.

No inverno faz muito frio nos Estados Unidos. Os dias são muito curtos. Quando está frio, temos mais vontade de trabalhar. Neva muito no inverno. Mas na primavera e no outono faz bom tempo quási sempre.

B. *To be translated into Portuguese.* 1. I am hungry and thirsty (*use* ter). 2. Why are you always in a hurry? 3. We want to travel in the United States. 4. We were tired and very sleepy. 5. It was raining when we arrived. 6. I saw many persons who wore overcoats and gloves. 7. It was very cold but the sun was shining. 8. It is not very warm here today. 9. I can't explain it to you today, because I am in a great hurry. 10. Why do you wear your overcoat today? 11. I am very cold (*use* estar). 12. No one knew what he was saying. 13. The water is hot. 14. I was sick yesterday. 15. He saw the snow.

C. *To be answered in Portuguese.* 1. Onde vive o Sr. no verão? 2. Faz muito frio aqui no inverno? 3. Quando faz calor nos Estados Unidos? 4. Quando há flores e frutas? 5. De que gosta mais: do verão ou da primavera? 6. Tenho razão quando digo que hoje faz muito frio? 7. O Sr. tem sempre razão? 8. A Sta. tem muita sede depois do jantar? 9. O Sr. gosta da neve? 10. Quem tem vontade de viajar agora? 11. O Sr. usa sobretudo e luvas no verão? 12. Quando chove mais nos Estados Unidos? 13. O Sr. esteve doente ontem?

D. *To be filled in with the proper word or words in Portuguese.* 1. (It is very warm) hoje. 2. (I am right) algumas vezes. 3. (It becomes) fresco depois da chuva. 4. No (summer) sempre viajamos. 5. Gosto muito da (snow). 6. (It rains a great deal) no outono. 7. (What do you wear) no verão? 8. Gostamos mais da (spring) e do (fall). 9. Vi hoje um homem (who was wearing an overcoat). 10. Não temos (gloves) aqui. 11. (It doesn't snow) no verão. 12. (He is never in a hurry.) 13. (We saw him when we were) na cidade. 14. We remained (em casa). 15. (Where is [*use* ficar]) a sua fazenda?

E. *Ten-minute quiz; 5 per cent for each correct answer.*

1. he entered the classroom
2. it is necessary
3. she did not arrive yesterday
4. we always like to travel
5. we read the newspaper
6. she lives in the country
7. they are not happy
8. he described Brazil to us
9. we start immediately
10. I was very sad
11. the pencil is for the pupil
12. we did not understand everything
13. the lawyer and the physician
14. we rest and smoke
15. he opened the door
16. we finished it yesterday
17. he always awakes early
18. sometimes we eat here
19. the hat and the overcoat
20. he entered without a hat

LESSON XVIII

RELATIVE PRONOUNS — PERSONAL INFINITIVE

VOCABULARY

o **alfaiate** tailor
o **anúncio** advertisement
o **barbeiro** barber
o **centro** middle; center; downtown
a **compra** purchase
buscar to seek, to look for; to get
custar to cost
deixar to allow; to leave
levar to carry; to take (away)
receber to receive
vender to sell
bastante enough

demasiado too much
barato cheap
caro dear; expensive
grande large
pequeno small
belo beautiful
feio ugly, homely
cujo, cuja whose
qual (*pl.* **quais**) who, that, which
quanto, quanta all that which, all who
quantos, quantas all those which, all who

ir buscar to go and get
fazer compras to go shopping
querer dizer to mean, to signify

I. RELATIVE PRONOUNS. The most frequently used relative pronouns, **que** and **quem,** have already been explained. The following relative pronouns are, however, also used:

(*a*) **Cujo, cuja, cujos, cujas,** *whose;* it agrees in gender and number with the noun it modifies.

a senhora cujos chapéus estão aqui   *the lady whose hats are here*
o professor cujo livro eu tenho   *the teacher whose book I have*

(*b*) **O qual, a qual, os quais, as quais,** *who, that, which;* this relative pronoun is used to avoid ambiguity since it agrees in gender and number with its antecedent.

A tia de João, a qual nos vai visitar, é brasileira.   *John's aunt, who is going to visit us, is a Brazilian.*

75

(*c*) **O que, a que, os que, as que,** *he (she, the one) who, that, which;* this relative may also be used to avoid ambiguity. The neuter form "what," "that which" may be expressed by **o que,** or **aquilo que.**

Falamos do meu tio, o que está no Brasil. *We speak of my uncle, the one who is in Brazil.*

O que você diz é interessante. *What you say is interesting.*

(*d*) **Quanto, quanta, quantos, quantas,** *all that which, all who, all those which, all those who.*

Demos-lhe quantos tínhamos. *We gave him all those which we had.*

II. PERSONAL INFINITIVE. Besides the regular infinitive, Portuguese has a personal infinitive. Its endings are the following for all verbs: **–, –es, –, –mos, –des, –em.**

dar: dar, dares, dar, darmos, dardes, darem
comer: comer, comeres, comer, comermos, comerdes, comerem
partir: partir, partires, partir, partirmos, partirdes, partirem

(*a*) The personal infinitive is used whenever the infinitive has a subject, either expressed or understood, that is different from the subject of the main verb; this, of course, is to avoid any ambiguity.

Comprei o livro para meus filhos estudarem. *I bought the book for my children to study.*

(*b*) Note that sometimes the personal infinitive is used in Portuguese to translate the English gerund preceded by a preposition.

Depois de lermos a lição o professor explicou-nos as dificuldades. *After our reading of the lesson, the teacher explained the difficulties to us.*

III. KINDS OF STORES.

a padaria bakery	**a barbearia** barbershop
a livraria bookstore	**a alfaiataria** tailor shop
a chapelaria hat store	**a camisaria** shirt store
a sapataria shoe store	**a leiteria** milk-and-cheese store

EXERCISES

A. *To be read and translated into English.* Eu sempre sei quando meus pais desejam ir fazer compras porque começam a ler todos os anúncios nos jornais. Não há boas lojas na nossa rua, a qual está um·pouco longe do centro da cidade. Papai e mamãe sempre vão ao centro para fazer a maior parte das suas compras.

Há uma pequena leiteria e uma padaria perto da nossa casa onde compramos leite, manteiga, queijo e pão. Para comprar roupa, sapatos e chapéus, precisamos de ir ao centro. Mamãe compra-nos toda a roupa de que precisamos.

A nossa cidade não é muito grande mas há nela muita gente rica. Temos grandes lojas nas quais fazemos as nossas compras. Não é preciso ir a outras cidades para comprar o que queremos.

Mamãe quer ir comprar um vestido. Papai vai comprar umas camisas. Ele usa quási sempre camisa branca; mas de vez em quando compra camisas de outras cores.

Papai também gosta de comprar livros. A livraria onde ele os compra recebeu ontem muitos livros novos.

Ao voltarem para casa depois das compras papai e mamãe sempre têm muito que dizer.

B. *To be translated into Portuguese.* 1. The tailor and the barber had beautiful houses. 2. We always buy milk in a milk-and-cheese store near our house. 3. I don't know the man whose hat I found. 4. When we go downtown we always buy books at Mr. White's bookstore. 5. My uncle's house, the one he has just bought, is very ugly. 6. On meeting our teacher we always speak to him in Portuguese. 7. We do not know where his tailor shop is. 8. She wishes to go shopping today. 9. I looked for a green shirt but could not find one. 10. I have read the book but I wish to read it again. 11. I do not know what the word means in Portuguese. 12. Is your class large or small? 13. How many pupils are there in the class? 14. Did you receive my overcoat?

C. *To be answered in Portuguese.* 1. Sabe onde há uma boa livraria? 2. Quando lê o jornal? 3. Que anúncios lê? 4. Onde compra os seus livros? 5. Que quer dizer a palavra "barbearia"? 6. Onde faz as suas compras? 7. Custou o seu chapéu muito caro? 8. Tem bastante tempo para estudar? 9. Leva muitos jornais para casa? 10. Que vende uma padaria? 11. Que vende uma alfaiataria? 12. Que vende uma chapelaria?

D. *To be filled in with the proper word or words in Portuguese.* 1. Compro chapéus (in a hat store). 2. Não há (many rich people) na nossa cidade. 3. Sempre faço compras (downtown). 4. Leio (all the advertisements). 5. Vendem (beautiful hats). 6. (He allows us to come in.) 7. (I went and got him.) 8. (It costs too much.) 9. (He takes) todos os meus livros. 10. (We don't have enough time.) 11. (It is very dear.) 12. (It is a very small but beautiful book.) 13. A casa (is cheap but ugly). 14. Deu-lhe (all that I had). 15. (He received) uma gorgeta. 16. (I always leave) o livro aqui.

E. *Ten-minute quiz; 5 per cent for each correct answer.*

1. to go and do
2. to be able to do
3. to come and get
4. what does it mean?
5. you saw the tailor
6. for example
7. too much money
8. very expensive
9. many things
10. a few times
11. once in a while
12. I wish to visit him
13. for him
14. someone who knows you
15. no one is here
16. too many books
17. before finishing (they)
18. after beginning (he)
19. sometimes I read it
20. I never awake early

LESSON XIX

DEMONSTRATIVE ADJECTIVES AND PRONOUNS

VOCABULARY

o **carneiro** sheep
o **cavalo** horse
as **férias** vacation
a **galinha** hen
o **negociante** businessman
o **passeio** walk; ride
o **pé** foot
o **prazer** pleasure

o **rio** river
a **vaca** cow
nadar to swim
passar to pass; to spend
agradável pleasant
desagradável unpleasant
aí there (*near you*)
ali there (*yonder*)

a pé on foot
a cavalo on horseback
dar de comer (a) to feed
dar um passeio to take a walk (a ride)

I. DEMONSTRATIVE ADJECTIVES.

Singular	*Plural*
este, esta (this)	**estes, estas** (these)
esse, essa (that)	**esses, essas** (those)
aquele, aquela (that yonder)	**aqueles, aquelas** (those yonder)

(*a*) **Este** denotes something near the speaker; **esse** denotes something near the person addressed; **aquele** denotes something remote from both.

Este dicionário é caro.   *This dictionary is expensive.*
Quanto custa esse cavalo?   *How much does that horse cost?*
Gosto mais daquela casa.   *I like that house (yonder) best.*

(*b*) Note that the demonstrative adjectives are repeated before each word to which they refer.

Onde comprou essas luvas e esses sapatos?   *Where did you buy those gloves and shoes?*

79

II. DEMONSTRATIVE PRONOUNS. The words used as demonstrative adjectives may also be used as demonstrative pronouns.

Gosto mais desta casa do que daquela. *I like this house better than that (yonder).*

Este homem é feliz; aquele não é. *This man is happy; that one is not.*

III. NEUTER DEMONSTRATIVE PRONOUNS. The neuter forms **isto** (this), **isso** (that), and **aquilo** (that yonder) do not refer to nouns, but to some idea or thing already mentioned.

Isto não é verdade. *This is not true.*

Isso é o que ele quer. *That is what he wants.*

Aquilo que ele comprou não está aqui. *That which he bought is not here.*

IV. CONTRACTIONS OF THE DEMONSTRATIVES.

de + este, etc. — deste, desta, destes, destas (*of this, of these*)

de + esse, etc. — desse, dessa, desses, dessas (*of that, of those*)

de + aquele, etc. — daquele, daquela, daqueles, daquelas (*of that, of those*)

de + isto — disto (*of this*)

de + isso — disso (*of that*)

de + aquilo — daquilo (*of that*)

em + este, etc. — neste, nesta, nestes, nestas (*in, on this; in, on these*)

em + esse, etc. — nesse, nessa, nesses, nessas (*in, on that; in, on those*)

em + aquele, etc. — naquele, naquela, naqueles, naquelas (*in, on that; in, on those*)

em + isto — nisto (*in this, on this*)

em + isso — nisso (*in that, on that*)

em + aquilo — naquilo (*in that, on that*)

a + aquele, etc. — àquele, àquela, àqueles, àquelas (*to that, to those*)

Temos que dar exemplos disso. *We have to give examples of that.*

Há muitas palavras nesta lição. *There are many words in this lesson.*

Os filhos deste homem são bons alunos. *This man's children are good pupils.*

EXERCISES

A. *To be read and translated into Portuguese.* Vivo na cidade onde tenho muitos parentes. Tenho nesta cidade alguns tios, tias, primos e primas. Durante os meses do verão sempre vou passar algumos dias na roça, onde tenho um tio que mora numa fazenda.

A fazenda do meu tio não é grande. Há um rio que passa perto da casa. Quando passo ali as minhas férias eu e os meus primos vamos nadar nesse rio quási todos os dias. Também há na fazenda do meu tio muitas vacas, carneiros, galinhas, e outros animais. Muitas vezes damos de comer aos carneiros, dos quais gostamos muito.

Quando estou na roça gosto de dar longos passeios a pé ou a cavalo. Algumas vezes vou até à cidade fazer compras. A vida na roça é muito agradável. O calor ali não é desagradável.

Um dos meus tios que vivem na cidade é muito rico. Ele é negociante e tem uma casa muito grande. Não tem filhos. Por isso a sua casa é triste. Não gosto de visitar a casa desse meu tio.

B. *To be translated into Portuguese.* 1. I don't know this man. 2. These horses are not mine. 3. I always like to take a walk with my cousin. 4. We swim in that river every day. 5. That is true. 6. This man's farm is not very far from here. 7. I like to feed the animals. 8. These men and women live on the farm. 9. Do you spend your vacations in this city or in the country? 10. We do not live in that house yonder. 11. He always reads very quickly. 12. When did you read those books? 13. She does not like to take a ride.

C. *To be answered in Portuguese.* 1. O Sr. tem uma casa na roça? 2. Onde passa as suas férias? 3. Gosta de passar alguns dias numa fazenda? 4. De quem é este livro? 5. Que lições dá o professor nesta aula? 6. É verdade tudo o que dizem os jornais? 7. Onde passou você os dias mais felizes da sua vida? 8. Gosta de nadar num rio? 9. É um prazer estudar muito? 10. Há carneiros e vacas na cidade? 11. Gosta de dar um passeio a cavalo? 12. É desagradável passar o verão na cidade?

D. *To be filled in with the proper word or words in Portuguese.* 1. (These horses) não são meus. 2. Gosto de ter (many hens) na minha fazenda. 3. (I took a walk) esta tarde. 4. Não lhe disse (that). 5. Ele sempre dá livros aos seus primos que vivem na cidade, mas nunca (to those who) vivem na roça. 6. (We like to feed these)

animais. 7. (Is this true?) 8. (Those days) passaram depressa.
9. Quando (do you take a walk)? 10. (We are happy here.)
11. (This is very unpleasant.) 12. Gostamos de nadar (in this
river). 13. Há cavalos (here and there [*near the person addressed*]).

E. *Ten-minute quiz; 5 per cent for each correct answer.*

1. he explains well
2. she does not speak Portuguese
3. a man and a woman
4. bread and water
5. the sister's rings
6. husband and wife
7. those sons and daughters
8. father and mother
9. uncle and aunt
10. many months
11. it is very difficult
12. it is not possible
13. is he sick?
14. do you know how to read?
15. how do you pronounce this?
16. yellow and green pens
17. it is very interesting
18. he learns to speak Portu-
    guese
19. what is the color of this
    house and of that yonder?
20. is it not so?

LESSON XX

FUTURE AND CONDITIONAL INDICATIVE

Vocabulary

a árvore tree
o automóvel (o auto) automobile (auto)
a banana banana
a estrada road
a laranja orange
a maçã apple
o modo way, manner
a pêra (*pl.* **peras**) pear

a quantidade quantity; amount
a uva grape
correr to run
produzir to produce
amanhã tomorrow
desde from; since
detrás (de) behind
diante (de) in front (of)

até onde? how far?
de outro modo otherwise
deste modo in this way (manner)
de auto by auto
uma grande quantidade a great deal
daqui até a from here to (as far as)

I. FUTURE INDICATIVE. The infinitive is used as the basis of the future indicative. To this basis are added the following endings for all verbs: **–ei, –ás, –á, –emos, –eis, –ão.**

Thus the future indicative of **falar** (*1st conj.*), **comer** (*2nd conj.*), and **partir** (*3rd conj.*) is conjugated as follows:

falar	*comer*	*partir*
falarei	comerei	partirei
falarás	comerás	partirás
falará	comerá	partirá
falaremos	comeremos	partiremos
falareis	comereis	partireis
falarão	comerão	partirão

II. CONDITIONAL INDICATIVE. The infinitive is also used as the basis of the conditional. To this basis are added the

83

following endings for all verbs: **–ia, –ias, –ia, –íamos, –íeis, –iam.**

Thus the conditional of **falar, comer,** and **partir** is conjugated as follows:

falar	*comer*	*partir*
falaria	comeria	partiria
falarias	comerias	partirias
falaria	comeria	partiria
falaríamos	comeríamos	partiríamos
falaríeis	comeríeis	partiríeis
falariam	comeriam	partiriam

(*a*) The future indicative is used to express future or intended action or condition; the conditional indicative is employed to express action which would take place under certain conditions.

Falarei amanhã ao professor. *I shall speak tomorrow to the teacher.*
Estudei muito; de outro modo não falaria português. *I have studied a great deal; otherwise I would not speak Portuguese.*
Disse que partiria amanhã. *He said he would start tomorrow.*

III. FUTURE AND CONDITIONAL OF VERBS IN **–zer.** The future and conditional of **dizer** (to say, to tell), **fazer** (to do, to make), **trazer** (to bring), and others derived from these, are formed regularly, but the **ze** syllable is omitted.

The future and conditional of **dizer, fazer,** and **trazer** are conjugated as follows:

dizer		*fazer*		*trazer*	
Future	Conditional	Future	Conditional	Future	Conditional
direi	diria	farei	faria	trarei	traria
dirás	dirias	farás	farias	trarás	trarias
dirá	diria	fará	faria	trará	traria
diremos	diríamos	faremos	faríamos	traremos	traríamos
direis	diríeis	fareis	faríeis	trareis	traríeis
dirão	diriam	farão	fariam	trarão	trariam

(*a*) For the use of **haver de** to form the future, see Lesson XXIX.

IV. CONTRACTION OF **De** AND **Aqui, Aí, Ali.** The preposition **de** when followed immediately by the adverbs **aqui, aí, ali** is contracted with those words as **daqui, daí, dali.**

daqui até à minha casa   *from here to my house*

EXERCISES

A. *To be read and translated into Portuguese.* Nunca passo as minhas férias nesta cidade, porque faz muito calor aqui. Não sei o que poderia fazer todo o verão numa grande cidade. Geralmente não tenho que trabalhar muito no verão; de outro modo não poderia dar longos passeios de auto com minha família nesses meses, como gosto de fazer.

Este verão passarei alguns dias na fazenda de meu Irmão António, a qual fica perto desta cidade.

As minhas férias começarão amanhã e como há uma boa estrada daqui até à fazenda de meu irmão, irei de auto. Levarei toda a minha família. Partiremos cedo e chegaremos à fazenda à noite, nesse dia. Na roça darei longos passeios a pé; irei nadar no rio que fica perto. Comerei muita fruta e beberei muita água. Gosto de maçãs, peras, e uvas. Não há bananas na fazenda do meu irmão.

B. *To be translated into Portuguese.* 1. We learn Portuguese this way. 2. We study it (*masc.*) a great deal; otherwise we could not understand it. 3. I shall finish my work tomorrow. 4. I have just finished reading the lesson. 5. We shall be there tomorrow. 6. I shall read the book today. 7. They will spend their vacation on the farm. 8. Would you come with me? 9. We shall swim in the river. 10. We shall not arrive today. 11. He will need money. 12. They would eat a great deal of fruit. 13. We ran as far as the house. •14. How far could you run?

C. *To be answered in Portuguese.* 1. Quando irá ao Brasil? 2. Há muitas árvores nesta cidade? 3. Passará as suas férias aqui? 4. Irá à roça este verão? 5. De que modo gosta de viajar? 6. Irão amanhã à classe? 7. Seria possível produzir bananas nesta cidade? 8. Quem está detrás do Sr.? 9. Gostaria de dar um passeio de auto? 10. De que frutas gosta? 11. Há grande quantidade de maçãs nos Estados Unidos? 12. Que fará o Sr. amanhã?

D. *To be filled in with the proper word or words in Portuguese.* 1. Não gosto destas (grapes). 2. Há poucas (trees) na nossa fazenda. 3. Amanhã (I shall start) para a roça. 4. (We shall eat) muitas maçãs e peras.   5. (We shall go by auto.)   6. (The road) é muito boa.   7. Não há (oranges) aqui.   8. (They would produce) muitas (bananas).   9. (I shall study) muito.   10. (He is in front of the table.)   11. Não sei estudar (in this manner).   12. (Otherwise) não poderia ir.

E. *Ten-minute quiz; 5 per cent for each correct answer.*

1. he finished the lesson
2. she has just studied it
3. they closed the door
4. they will sleep here
5. I do not awake early
6. we begin early
7. he prefers to come with me
8. they will repeat the lesson
9. there are many (*masc.*) there
10. he will study often
11. before eating
12. the pupils who live here
13. very rich people
14. a great deal of pleasure
15. we shall buy our clothing in this store
16. I have none
17. it is near the road
18. they are very far
19. my horses and hers
20. his uncle's farm

LESSON XXI

THE SUBJUNCTIVE

Vocabulary

a nota grade (in school)
a pena pity; trouble
crer to believe; to think
duvidar to doubt
esperar to hope; to wait for; to
    expect
mandar to send; to order
pensar to think; to intend
pretender to intend
recear to fear
sentir to feel; to regret

tirar to take off (out)
importante important
provável probable
ainda que although
a não ser que unless
de modo que so that
depois que after
embora although
logo que as soon as
para que in order that

creio que sim I think so
creio que não I don't think (believe) so
é pena it's too bad; it's a pity
que pena! what a pity!
sinto muito I am very sorry; I regret it very much

I. The Subjunctive. The endings of the present subjunctive are the following:

First conjugation: –e, –es, –e, –emos, –eis, –em
Second and third conjugations: –a, –as, –a, –amos, –ais, –am

These endings are added to the stem of the first person singular of the present indicative. Thus the present subjunctive of **falar** (*1st conj.*), **comer** (*2nd conj.*), and **partir** (*3rd conj.*) is conjugated as follows:

falar: fal–e, fal–es, fal–e, fal–emos, fal–eis, fal–em
comer: com–a, com–as, com–a, com–amos, com–ais, com–am
partir: part–a, part–as, part–a, part–amos, part–ais, part–am

87

(*a*) To the above rule there are seven exceptions:

dar (to give): dê, dês, dê, demos, deis, dêm
estar (to be): esteja, estejas, esteja, estejamos, estejais, estejam
ser (to be): seja, sejas, seja, sejamos, sejais, sejam
ir (to go): vá, vás, vá, vamos, vades, vão
haver (to have): haja, hajas, haja, hajamos, hajais, hajam
saber (to know): saiba, saibas, saiba, saibamos, saibais, saibam
querer (to want): queira, queiras, queira, queiramos, queirais, queiram

II. Uses of the Subjunctive. In general, the subjunctive is used more frequently in Portuguese than in English. Whenever any doubt or uncertainty exists in the mind of the speaker or writer as to the absolute truth or future fulfillment of a statement, the subjunctive must be used. Specifically the subjunctive is used in the following cases:

(*a*) In dependent clauses with a definite subject following these impersonal phrases or similar ones: **é necessário** (it is necessary), **é importante** (it is important), **é provável** (it is probable).

É necessário que eu estude a minha lição. *It is necessary that I study my lesson.*
Não é provável que ele venha hoje. *It is not probable that he come today.*

Note that if the subject of the subordinate clause is also indefinite, the infinitive is then used instead of the subjunctive.

É necessário estudar a lição. *It is necessary to study the lesson.*

(*b*) In temporal clauses referring to future time and introduced by **antes que** (before), **até que** (until), **logo que** (as soon as), and similar expressions.

Ela não irá antes que eles venham. *She will not go before they come.*]

(*c*) In clauses introduced by conjunctions denoting purpose, result, or concession, such as: **para que** (in order that),

ainda que (although), **de modo que** (so that), **a não ser que** (unless).

Dou-lhe este livro para que o estude. *I give you this book for you to study it.*

(*d*) In clauses introduced by **crer, pensar,** and similar verbs expressing conviction or opinion, used negatively or interrogatively.

Não creio que ele compreenda. *I don't believe he understands.*
Pensa você que ela saiba a lição? *Do you think she knows the lesson?*

(*e*) In relative clauses introduced by an indefinite antecedent, if they do not express an accomplished fact:

Queremos um homem que fale português. *We want a man who speaks Portuguese.*
But:
O homem que disse isso não disse a verdade. *The man who said that did not tell the truth.*

III. Crer (to believe) and **Recear** (to fear) are irregular verbs. The present indicative of these verbs is: **creio, crês, crê, cremos, credes, crêm; receio, receias, receia, receamos, receais, receiam.**

EXERCISES

A. *To be read and translated into English.*
— Bom dia, João. Como está você?
— Não me sinto bem hoje. Embora queira aprender português bem e estude bastante, o professor diz que não faço progresso. A maior parte dos alunos da nossa classe têm boas notas, mas eu não.
— Que pena! Papai também diz que eu não estudo bastante. Diz que é necessário que eu estude mais. Creio, João, que nossos pais não compreendem que é impossível que todos nós tenhamos boas notas. Sinto muito, porque eu faço o que posso.
— Você tem razão. Não creio que possamos explicar-lhes bem as nossas dificuldades. Porque é necessário aprender toda a gramática portuguesa? O português não me será útil, a não ser que eu vá ao Brasil ou a Portugal. Você não pensa como eu?

— Não; não creio que você tenha razão.

— Porque não?

— Seu pai é que tem razão. Ele sabe que você não estuda bastante. Sabe bem o que é importante e necessário. Tem razão quando diz que você precisa de estudar mais.

— É possível. Vou comprar um bom dicionário português-inglês e vou estudar até poder falar bem português. Pretendo aprender toda a gramática e o vocabulário.

— Eu também pretendo estudar mais.

B. *To be translated into Portuguese.* 1. He wants to learn them although he may have to study a great deal. 2. He couldn't explain the difficulties. 3. Does your father believe all you say? 4. I don't believe he studies every lesson. 5. It is important that you study more. 6. It is not necessary for me to go today. 7. When I come here I always buy a book. 8. He bought the newspaper for them to read. 9. Do you believe that this is good Portuguese? 10. We want a pupil who knows some Portuguese. 11. He wants the book you have in your house. 12. I don't think he is here although I hope he is. 13. I don't think so, but he does. 14. Do you want to give it to me? 15. We don't believe there is a good book here.

C. *To be answered in Portuguese.* 1. O Sr. pensa que o professor sempre tenha razão? 2. É necessário estudar muito para aprender a língua portuguesa? 3. Para que estuda o aluno português? 4. Não crê a aluna que o professor saiba falar inglês? 5. Há alguem que diga que não é preciso estudar muito? 6. Até quando pretende estudar português? 7. Crê que possa vir à classe amanhã? 8. Porque explica o professor todas as dificuldades à classe? 9. O aluno sente quando não pode estudar a lição? 10. Que é necessário para o aluno falar bem português? 11. Que é mais importante: aprender a falar ou a escrever uma língua? 12. Crê que seja necessário e útil aprender bem a língua portuguesa?

D. *To be filled in with the proper word or words in Portuguese.* 1. (It is important) ler todas as frases. 2. Comprei este livro (for you to study). 3. (I don't believe) que ele possa ir. 4. Queremos um aluno (who knows Portuguese). 5. (I intend) estudar muito. 6. Digo que (this is impossible). 7. Ele dá-mos (as soon as) acaba de os ler. 8. Disse-me (that it was necessary to do it). 9. (We take out) muitos livros para estudar. 10. Creio que o senhor (will not be able to come). 11. (We doubt) que seja verdade.

E. *Ten-minute quiz; 5 per cent for each correct answer.*

1. good grades
2. it's too bad
3. he sends me books
4. I intend to do it
5. we regret it very much
6. he takes it out
7. we fear it
8. in this city
9. it is not probable that he come
10. unless he studies
11. so that he can go immediately
12. to come here
13. I don't believe so
14. before he goes
15. although he studies
16. until he brings it
17. as soon as he comes
18. in order that they study
19. it is a pity
20. so that he may do it

LESSON XXII

THE SUBJUNCTIVE (*Continued*)

Vocabulary

a carta letter
o erro mistake
o estrangeiro foreigner
o exercício exercise
a tradução translation
ajudar to help, to aid
assistir (a) to attend
interessar to interest
valer to be worth

contente glad
cuidadoso careful
estrangeiro foreign
inteligente intelligent
contudo nevertheless
corretamente correctly
talvez perhaps
caso (*conj.*) in case; if

como vai? how are you?
vou bem I am well (getting along well)
no caso de (*prep.*) in case
encontrar-se com to meet, to have an engagement with

I. The Subjunctive (*Continued*). The subjunctive is also used in the following cases:

(*a*) In conditional clauses beginning with **caso** (in case). However, in clauses beginning with **no caso de** the infinitive is used instead of the subjunctive.

Pretendo visitá-lo caso não chova, *or*
Pretendo visitá-lo no caso de não chover. *I intend to visit you in case it does not rain.*

(*b*) In clauses introduced by verbs or adverbs expressing doubt, fear, hope, wish, counsel, denial, and similar meanings, when the subject of the main verb is different from that of the subordinate verb.

Duvido que chova. *I doubt whether it is going to rain.*
Receio que ele não venha. *I fear he will not come.*
Espero que ele saiba. *I hope he knows.*

92

Talvez você tenha razão. *Perhaps you are right.*
Quero que ela vá. *I want her to go.*

But:

Receio ficar. *I fear to stay.*
Desejo ir. *I wish to go.*

(c) In clauses introduced by verbs expressing emotion, when the subject of the main verb is different from that of the subordinate verb.

Sinto que o senhor não possa vir. *I am sorry you can't come.*

But:

Sentimos não poder ir. *We are sorry not to be able to go.*

II. Por AND Para. Both **por** and **para** translate "for." **Por** is used to express "by," "through," "per," "for the sake of," "on account of," and "in exchange for"; **para** is used to express objective, destination, and purpose. **Para** also translates "to." However, after verbs expressing motion, if a mere movement or temporary visit is meant, **a** is used instead of **para.**

Paguei muito por este livro. *I paid a great deal for this book.*
A carta é para você. *The letter is for you.*
Ele vai para os Estados Unidos. *He is going to the United States* (to stay).
Ele vai ao Brasil. *He is going to Brazil* (for a visit).

(a) **Por** is contracted with the definite article as follows:

por+o — pelo; por+a — pela; por+os — pelos; por+as — pelas (*by the, for the,* etc.)

Entrei pela porta. *I entered through the door.*

EXERCISES

A. *To be read and translated into English.*
— Como vai você, João?
— Bem, obrigado.
— Acabo de preparar a minha lição de português.
— Eu não gosto de estudar línguas estrangeiras. É pena que seja filho dum professor. A maior parte dos professores desejam que seus filhos aprendam uma língua estrangeira. Papai, por exemplo, quer que eu aprenda português e francês. Sinto muito, mas eu não

posso fazer uma tradução do inglês para o português sem fazer muitos erros. Não creio que as línguas estrangeiras sejam úteis.

— Eu creio que são. As línguas estrangeiras interessam-me muito porque pretendo viajar algum dia na Europa e na América do Sul.

— São boas para você, mas não para mim. Não me interessam. Não gosto delas.

— Você assiste a todas as classes?

— Assisto, sim; mas ainda não posso fazer uma boa tradução.

— É possível que você não saiba estudar. É preciso que seu pai lhe dê algumas lições em casa e lhe explique como estudar. Caso você queira estudar comigo, eu o posso ajudar.

— Obrigado. Agora é preciso que eu vá à cidade. Tenho que encontrar-me com um amigo. Até logo.

— Adeus, João.

B. *To be translated into Portuguese.* 1. We hope they come home with him. 2. We intend to do the work for them. 3. I wish to study in case it rains. 4. Who knows where they are? 5. I can't finish the translation today. 6. Do you attend all the classes? 7. They are very careful and intelligent. 8. We do not like to study foreign languages. 9. He is a foreigner. 10. He has just finished studying his lesson. 11. It is a pity he does not study his lessons. 12. I am sorry we cannot go with you. 13. We paid a great deal for the house. 14. We are going to meet a friend. 15. Good-bye; I am going home.

C. *To be answered in Portuguese.* 1. Para que quer o aluno aprender a falar português? 2. Para onde vai depois da classe? 3. Quem ensina português aqui? 4. Escrevem os alunos todos os exercícios corretamente? 5. Quando acabou de estudar a sua lição de português? 6. Sabe traduzir do inglês para o português? 7. Faz o professor muitos erros? 8. Quer falar português com o professor? 9. Todos os alunos assistem a todas as classes? 10. Gosta do seu trabalho? 11. O professor ajuda os alunos a estudar? 12. O aluno está contente de poder estudar português?

D. *To be filled in with the proper word or words in Portuguese.* 1. (In case) não vá, prefiro estudar. 2. (I doubt if he can come.) 3. Não gostamos do nosso (work). 4. (We always attend) às classes. 5. O aluno (is very careful). 6. (To speak correctly) uma língua estrangeira é difícil. 7. (We finished the translation) ontem. 8. (There are many mistakes) no exercício. 9. (He has just finished) de ler este livro. 10. A classe (does not interest me). 11. (In case you

go) quero ir também. 12. (We wish to help) os outros alunos.
13. Paguei muito (for the hat). 14. Estas cartas (are not for me).

E. *Ten-minute quiz; 5 per cent for each correct answer.*

1. the exercises and the translations
2. many mistakes
3. my work and theirs
4. to help them
5. to be glad
6. he is not a foreigner
7. it interests us very much
8. it is not worth much
9. he is careful and intelligent
10. he writes correctly
11. nevertheless he went
12. perhaps he can come
13. what is this for?
14. he took it away
15. we have many letters
16. so that we can study
17. we believe so
18. I paid much for it
19. it is important to attend every class
20. although he cannot come

LESSON XXIII

DIRECT AND INDIRECT COMMANDS

Vocabulary

o ano year
a bondade kindness
o favor favor
a pergunta question
a semana week
a universidade university
amar to love
desculpar to excuse

esquecer to forget
passado past
próximo next; coming
seguinte next; following
brevemente soon
imediatamente immediately
quanto, quanta, how much?
quantos, quantas how many?

o ano passado last year
a semana passada last week
o ano que vem next year

I. DIRECT COMMANDS. A direct command may be expressed by the imperative (second person affirmative; see Lesson XXXI) or by the present subjunctive (second person negative and third person affirmative or negative).

Vai (tu) para casa. *Go home.*
Não vás (tu) à escola hoje. *Do not go to school today.*
Venha (o senhor) visitar-me amanhã. *Come to visit me tomorrow.*

II. INDIRECT COMMANDS. In expressions of indirect command, request, or prohibition the subjunctive is used. However, after **mandar** (to order), **deixar** (to allow), and verbs of similar meaning, the infinitive is used.

Ela pede que você venha amanhã. *She asks that you come tomorrow.*
Ele deixou-nos entrar. *He allowed us to enter.*
O professor mandou-o ler a lição. *The teacher ordered him to read the lesson.*

(*a*) Note that when **dizer** (to say), **escrever** (to write), **telefonar** (to telephone), etc., are used to express an indirect

96

command or request, the verb of the subordinate clause must be used in the subjunctive. Otherwise the indicative is used.

Diz-me na carta que lhe dê este livro.   *He tells me in the letter to give you this book.*

But:

Disse-me que não houve classe hoje.   *He told me that there was no class today.*

III. EXHORTATIONS. Exhortations expressed in English by "let us" or "let's" followed by an infinitive are rendered in Português by the first person plural of the subjunctive.

Vamos para casa.   *Let us go home.*
Falemos português.   *Let's speak Portuguese.*

IV. REQUEST COMMANDS. Commands may be softened and made less blunt by the use of **por favor** (please) or the following expressions and similar ones, with the verb in the subjunctive:

faça (o) favor de   *please*
faça-me o favor de   *do me the favor to*
tenha a bondade de   *have the kindness to*
queira fazer (o) favor de   *be pleased to*
queira ter a bondade de   *be kind enough to*

(*a*) Sometimes a request is expressed by means of a question, in which case the indicative, instead of the subjunctive, is used.

O senhor quer ter a bondade de dar-me esse livro?   *Will you have the kindness to give me that book?*

EXERCISES

A. *To be read and translated into English.* Há na nossa escola um professor de português. Ele diz algumas vezes aos alunos na classe: — Fechem os livros. Abram os cadernos. Sr. Smith, tenha a bondade de fechar a porta. Sta. White, quer fazer o favor de abrir todas as janelas? Faz calor aqui, não é verdade? Sta. Wallace, por favor, venha ao quadro e traduza as frases que eu escrevi. Sta. Jones, venha também ao quadro e escreva alguma cousa em português. Sr. Lock, vá ao quadro e traduza para o inglês todas as frases da lição. Sta. White, queira ter a bondade de responder à pergunta que escrevi no quadro. Façam o favor de escrever todos os exercícios. Sr. Jones, o Sr. não presta atenção. Que faz o Sr.? Vamos agora falar português.

Meu irmão pensa ir brevemente para o Brasil onde vai estudar na Universidade de São Paulo. Mamãe disse-lhe ontem: — Por favor, Roberto, escreva-nos muitas vezes — uma carta todas as semanas. Não faça como o seu amigo Smith, que não escreve à família. Leve o dinheiro que lhe dei ontem. Não é muito; mas caso você precise de mais, escreva-me imediatamente. Meu filho, estude muito e não esqueça o que lhe digo.

B. *To be translated into Portuguese.* 1. I don't want you to tell me anything. 2. Do you wish me to bring you this book? 3. He orders me to give you this letter. 4. He allowed us to go to New York. 5. Please teach me how to pronounce the word "irmão." 6. Have the kindness to go to the other room. 7. Let's study our lesson today. 8. Do not come to see me tomorrow. 9. Send the letter immediately. 10. Last year my father came to see me. 11. Don't forget your hat. 12. We all love our country.

C. *To be answered in Portuguese.* 1. Quantas lições de português tem o aluno por semana? 2. O aluno esteve na cidade a semana passada? 3. Quando vai ao Brasil? 4. Que ensina o professor? 5. Pensa vir à classe na próxima semana? 6. Quanto tempo estuda as suas lições? 7. Quantas vezes vem à classe? 8. Quanto custou o seu livro de português? 9. O professor faz muitas perguntas aos alunos? 10. Onde vai imediatamente depois da classe? 11. Estudou português o ano passado? 12. Que pensa estudar no ano que vem?

D. *To be filled in with the proper word or words in Portuguese.* 1. (Next month) vou para o Brasil. 2. (Last week) estive na casa de meu tio. 3. (How many times) vai à escola? 4. (Please) dê-me esse livro. 5. (He tells me to give you) estas cartas. 6. Vou (immediately) para casa. 7. Vêm visitar-nos (next year). 8. (The following day) estudou muito. 9. (They love) as suas irmãs. 10. (Please excuse me.) 11. (He asks a great deal.) 12. (He forgot his book.)

E. *Ten-minute quiz; 5 per cent for each correct answer.*

1. I am glad you can come
2. he makes many mistakes
3. they help me
4. they do not attend the class
5. it is worth a great deal
6. it doesn't interest me
7. they are very careful
8. perhaps he cannot come
9. what is this for?
10. a foreign language
11. he fears he cannot make it
12. he hopes to go
13. they allowed us to go
14. unless I come
15. I believe so
16. he intends to come
17. he regrets not to be able to do it
18. it is probable
19. take it away
20. study it for tomorrow

LESSON XXIV

REFLEXIVE VERBS

Vocabulary

o **bonde** streetcar

o **cinema** moving-picture theater; "movies"

a **cozinha** kitchen

o **domingo** Sunday

o **escritório** office

a **manhã** morning

o **sábado** Saturday

a **sala de jantar** dining room

a **tarde** afternoon

barbear-se to shave oneself

cansar-se to get tired

deitar-se to go to bed

despedir-se to take leave; to say good-bye

encontrar-se to find oneself; to be located

lavar-se to wash oneself

lembrar-se (de) to remember

levantar-se to get up

sair to go out

sentar-se to sit down

tomar to take; to drink

vestir-se to dress oneself

de manhã in the morning

de tarde in the afternoon

de noite in the evening

ir-se embora to go away

I. Reflexive Verbs. Most Portuguese transitive verbs may be used reflexively. However, the reflexive construction occurs much more frequently in Portuguese than in English. Verbs are conjugated reflexively by adding the personal pronouns used as object of the verb.

deitar-se (to go to bed)

deito-me	deitamo-nos
deitas-te	deitais-vos
deita-se	deitam-se

Note that the final –s of the first person plural is dropped before **nos.**

(*a*) The pronouns are ordinarily placed after the verb and connected to it by a hyphen. They may be placed before the

100

verb in the same cases in which this is done with other object pronouns.

> Ele não se levantou cedo hoje. *He did not get up early today.*
>
> Disse que se deitou tarde. *He said he went to bed late.*
>
> Quem se deita tarde, levanta-se tarde. *He who goes to bed late gets up late.*
>
> Muito bem se veste esta senhora. *This lady dresses very well.*

(*b*) Many verbs used reflexively in Portuguese are not so used in English, as **deitar-se** (to go to bed), and **levantar-se** (to get up).

(*c*) The reflexive form may be used as a form of the passive voice, especially when the subject is inanimate.

> Estas casas vendem-se hoje. *These houses are to be sold today.*

(*d*) Sometimes **se** is used to indicate an indefinite subject, and is equivalent to English "one," "people," and "they." In such cases the verb is always used in the third person singular.

> Diz-se que ele é um bom aluno. *It is said that he is a good pupil.*

II. Pronominal Forms with the Future and Conditional Indicative. When the future or conditional indicative verbal forms are used with an object or reflexive pronoun, the latter is frequently interpolated between the radical of the verb and the future or conditional ending, and connected to the two by hyphens.

(*a*) *Direct Object*. The **r** of the radical is dropped and the old forms of the direct object pronoun **lo, la, los, las** are used.*

aprendê-lo-ei (I shall learn it)	aprendê-lo-ia (I should learn it)
aprendê-lo-ás	aprendê-lo-ias
aprendê-lo-á	aprendê-lo-ia
aprendê-lo-emos	aprendê-lo-íamos
aprendê-lo-eis	aprendê-lo-íeis
aprendê-lo-ão	aprendê-lo-iam

* The circumflex (^) or acute (′) accent is used on the last vowel (closed or open sound) if stressed.

(b) Indirect Object. The pronoun **lhe, lhes** is used.

falar-lhe-ei (I shall speak to	falar-lhe-ia (I should speak to
falar-lhe-ás him, her)	falar-lhe-ias him, her)
falar-lhe-á	falar-lhe-ia
falar-lhe-emos	falar-lhe-íamos
falar-lhe-eis	falar-lhe-íeis
falar-lhe-ão	falar-lhe-iam

(c) Direct and Indirect Objects Together. The contractions **lho, lha, lhos, lhas** are used.

dar-lho-ei (I shall give it to	dar-lho-ia (I should give it to
dar-lho-ás him, her)	dar-lho-ias him, her)
dar-lho-á	dar-lho-ia
dar-lho-emos	dar-lho-íamos
dar-lho-eis	dar-lho-íeis
dar-lho-ão	dar-lho-iam

(d) Reflexive Form. **Me, te, se, nos, vos, se** are used.

servir-me-ei (I shall serve myself)	servir-me-ia (I should serve my-
servir-te-ás	servir-te-ias self)
servir-se-á	servir-se-ia
servir-nos-emos	servir-nos-íamos
servir-vos-eis	servir-vos-íeis
servir-se-ão	servir-se-iam

(e) In ordinary conversation the object or reflexive pronoun is placed before the verb (without the hyphen) preceded by the subject pronoun.

> Eu o aprenderei.   *I shall learn it.*
> Ele lho diria.   *He would tell it to him.*
> Nós nos serviremos.   *We shall serve ourselves.*

III. Sair (to go out). The present, preterit, and imperfect indicative of this irregular verb are conjugated as follows:

Pres. Ind.	Pret. Ind.	Imp. Ind.
saio	saí	saía
sais	saíste	saías
sai	saiu	saía
saímos	saímos	saíamos
saís	saístes	saíeis
saem	saíram	saíam

EXERCISES

A. *To be read and translated into English.* Meu pai está sempre muito ocupado. Não trabalha muito em casa, mas fica muito tempo no seu escritório. Depois do trabalho vem para casa. Muitas vezes chega a casa muito tarde. Depois de deixar o chapéu e o sobretudo perto da porta vem para a sala de jantar, senta-se e começa a falar com mamãe.

Janta-se muito tarde em nossa casa. Depois do jantar papai fuma e lê um livro. Mamãe senta-se perto dele. Eu e minha irmã estudamos as nossas lições. Todos nos deitamos muito cedo.

Aos sábados ou domingos papai leva-nos ao cinema. Papai disse ontem que nos levaria ao cinema no próximo sábado. Caso não possa ir conosco, dar-nos-á dinheiro para que eu e minha irmã possamos ir.

Todos nos levantamos muito cedo em nossa casa. Papai tem de ir para o seu trabalho. Eu e minha irmã precisamos de ir para a escola. Papai toma o seu primeiro almoço muito cedo porque gosta de ir a pé para o escritório.

Depois do primeiro almoço, minha irmã e eu despedimo-nos de mamãe e vamos para a escola. Como a escola é um pouco longe, vamos de bonde.

De tarde vimos para casa e descansamos até à hora do jantar.

B. *To be translated into Portuguese.* 1. We go to bed late and get up early. 2. I got up early this morning and washed myself immediately. 3. My father shaves slowly but he eats breakfast hurriedly. 4. I don't remember his words. 5. He has just dressed and gone out. 6. They go away every summer. 7. They dressed and entered the dining room early. 8. His office is located near the university. 9. He awakened us early because we wanted to go swimming. 10. I wanted to buy a hat and a pair of gloves and she wanted to buy a pair of shoes. 11. Shall we go to bed now? 12. He is not serving us well. 13. Many Portuguese books are sold (*use ref. form*) here. 14. We shall give it to him. 15. They would buy it often.

C. *To be answered in Portuguese.* 1. Gosta de tomar café todos os dias? 2. Quando se levanta? 3. Deita-se muito tarde? 4. Quando vai para o seu trabalho? 5. Cansa-se de estudar? 6. Barbea-se todos os dias? 7. Senta-se o professor na classe? 8. Chegam todos os alunos à classe cedo? 9. Quando sai de casa para o seu trabalho?

10. Quando toma o seu primeiro almoço? 11. Lembra-se de todas as palavras que estudou? 12. Irá de bonde para casa?

D. *To be filled in with the proper word or words in Portuguese.* 1. A nossa (dining room) é muito grande. 2. Mas o nosso (office) é pequeno. 3. (We would get up) muito tarde. 4. (We always shave) antes do primeiro almoço. 5. O aluno (doesn't remember) todas as palavras. 6. (We all sat down) na cozinha. 7. (Shall we go home) agora? 8. (He took leave) depois do jantar. 9. (She does not drink) café de manhã. 10. (He is always very busy) de tarde. 11. (On Saturdays or Sundays) vamos ao cinema. 12. (We shave and wash ourselves) de manhã. 13. (We like the kitchen) da nossa casa. 14. (We will learn it) o ano que vem.

E. *Ten-minute quiz; 5 per cent for each correct answer.*

1. we have a good dictionary
2. he has little money
3. we go to church today
4. it is a good example
5. he says he is a Brazilian
6. I cannot go
7. we want to come
8. he wishes to see it
9. show it to him
10. come to see me
11. once in a while
12. Lisbon is in Portugal
13. he speaks many languages
14. he knows how to write well
15. there are many differences
16. these maps are not mine
17. I know this country well
18. North and South America
19. he translates well
20. while we study

LESSON XXV

TIME OF THE DAY

Vocabulary

o **banheiro** bathroom
o **edifício** building
a **hora** hour
o **minuto** minute
o **meio-dia** noon
a **meia-noite** midnight
a **notícia** news
o **quarto** quarter; room
o **relógio** watch
o **relógio de parede** clock
a **rua** street

a **sala de estar** living room
o **segundo** second
chamar to call
chamar-se to be called, to be named
conversar (com) to talk
pôr to put, to place
voltar to return
meio half
vários several
menos less

da manhã A.M.
da tarde P.M. (*until sunset*)
da noite P.M. (*after sunset*)
que horas são? what time is it?
a que horas? at what time?

I. Cardinal Numbers from 1 to 24.

1 um (uma)	9 nove	17 dezessete
2 dois (duas)	10 dez	18 dezoito
3 três	11 onze	19 dezenove
4 quatro	12 doze	20 vinte
5 cinco	13 treze	21 vinte e um (uma)
6 seis	14 quatorze (catorze)	22 vinte e dois (duas)
7 sete	15 quinze	23 vinte e três
8 oito	16 dezesseis	24 vinte e quatro

II. Time of the Day.

In expressing the question "What time is it?" the plural is used ordinarily in Portuguese: **Que horas são?** The answer is expressed in the singular (**É uma hora, uma e meia,** etc.) or in the plural (**São duas horas,** etc.). Frequently the word **hora, horas** is omitted: **às três**

da tarde. The system is also often used of indicating the hours from 12 noon to 12 midnight as 13, 14, 15, etc.

É uma da tarde (*or,* São treze, são as treze). *It is one o'clock* P.M.
Às onze menos dez da manhã. *At ten,minutes to eleven* A.M.
São duas menos um quarto. *It is a quarter to two.*
Ao meio-dia. *At twelve noon.*
À meia-noite. *At midnight.*

(*a*) Expressions such as "five past two," "a quarter past two," "half past two," etc. are translated as **duas e cinco, duas e um quarto, duas e meia,** etc.

III. Haver EXPRESSING PAST TIME. **Haver** (to have) is used in certain idiomatic expressions to indicate a time ago, or an act or state that continues from the past into the present, or from a remote past into a more recent past. In the first case the principal verb is used in the preterit; in the second and third cases, it is used in the present or in the imperfect.

Há dois anos que estudei português, *or* Estudei português há dois anos. *I studied Portuguese two years ago.*
Há dois anos que estudo português, *or* Estudo português há dois anos. *I have studied Portuguese for two years.*
Havia um ano que ele estava ali, *or*
Ela estava ali há um ano. *He had been there for one year.*

IV. Pôr. "To put," "to place" is translated into Portuguese as **pôr.** This is an irregular verb of the second conjugation. The present, preterit, and imperfect indicative are conjugated as follows:

Present: ponho, pões, põe, pomos, pondes, põem
Preterit: pus, pusestes, pôs, pusemos, pusestes, puseram
Imperfect: punha, punhas, punha, púnhamos, púnheis, punham

V. Chamar, Chamar-se. Chamar (to call) may be used reflexively to express "to be named."

Chamei-o ao meu escritório. *I called him to my office.*
Como se chama o Sr.? *What is your name?*
Chamo-me João. *My name is John.*

VI. TRANSLATION OF *"Become."* The following verbs conjugated reflexively may be used to express "become:" **fazer-se, tornar-se,** and **pôr-se.**

Fez-se útil. *He became useful.*
Tornaram-se muito ricos. *They became very rich.*
O dia pôs-se muito belo. *The day became very beautiful.*

VII. **De Manhã, Da Manhã.** Note the difference between **de manhã** and **da manhã.**

Às 6 da manhã. *At 6* A.M.
Estudo de manhã. *I study in the morning.*

EXERCISES

A. *To be read and translated into English.*
— Seu pai tem um escritório na rua "F," não é verdade?
— Sim, senhor; há muitos anos que tem um escritório ali.
— Como se chama o edifício em que se encontra o escritório?
— Chama-se Edifício Martins. O Sr. conhece esse edifício, não é verdade?
— Conheço, sim, senhor; trabalhei ali há quatro anos.
— Desculpe-me. Pode-me dizer que horas são? Esqueci o relógio em casa. Estava com muita pressa esta manhã e deixei-o no meu quarto.
— São onze e um quarto.
— Como se chama a rua onde o Sr. mora?
— Chama-se Rua Estados Unidos.
— Pode dizer-me que faz seu pai durante o dia?
— Sim, senhor. Geralmente levanta-se às seis e meia. Depois barbeia-se, lava-se e veste-se. Depois de se vestir vai para a sala de jantar, senta-se e toma o seu café. Enquanto come, lê o jornal da manhã. Depois despede-se de mamãe e vai para o seu escritório. Sempre chega ali às oito e meia. Trabalha todo o dia e volta para casa às cinco menos um quarto. Chega à casa às cinco e quinze e senta-se a conversar com mamãe. Como se interessa por tudo, lê vários jornais da tarde. Sempre se deita às dez.

B. *To be translated into Portuguese.* 1. My name is John Smith. 2. What is your cousin's name? 3. We shall meet at two o'clock P.M. 4. I shall call him this evening. 5. I lived in this house many years ago. 6. He brought us the news two hours ago. 7. We have dinner at six P.M. 8. At what time do you go to bed? 9. We have been living here for ten years. 10. He asks me to put this book on your table. 11. I did not put it there because I did not have time. 12. The day became very beautiful after we left. 13. A few seconds past noon. 14. I used to put it here; now I always put it in the other classroom.

C. *To be answered in Portuguese.* 1. Quantos quartos há na sua casa? 2. A que horas se levantou o Sr. hoje? 3. A Sra. tem um relógio de parede no seu quarto? 4. Como se chama? 5. Leu todo o seu livro de português? 6. Quantos meses há num ano? 7. Quantos dias há numa semana? 8. Qual é o edifício onde trabalha? 9. Quantos banheiros há na sua casa? 10. Há muitos anos que mora nesta cidade? 11. Quando volta para a sua casa? 12. Gosta de ler as notícias do dia nos jornais?

D. *To be filled in with the proper word or words in Portuguese.* 1. (My brother's name is) João. 2. (He called me) às 2 horas da manhã. 3. Sempre lhe digo (the news of the day). 4. (Put the paper on my table.) 5. (We have been living here for five years.) 6. Li (until midnight). 7. (He became) um bom aluno. 8. No meu quarto não há (a good clock). 9. Moramos aqui (for many years). 10. (We lived here many years ago.) 11. Temos (three living rooms) na nossa casa. 12. (At three-fifteen in the afternoon.) 13. (Two minutes past midnight.) 14. (Seven minutes to one P.M.)

E. *Ten-minute quiz; 5 per cent for each correct answer.*

1. at ten in the morning
2. several years
3. go away!
4. get up immediately!
5. he shaves at 8 o'clock
6. I do not work in the morning
7. they took leave yesterday
8. have the kindness to give it to me
9. last year I was here
10. answer my question!
11. take this letter with you!
12. I shall go soon
13. how many have you?
14. I went to the university
15. they do not like it
16. she always forgets
17. next year we shall go there
18. let us go home
19. let him come in
20. please do not come with me

LESSON XXVI

PARTICIPLES — PERFECT TENSES

Vocabulary

o avião airplane
a estação station; season
a estrada de ferro railroad
o lugar placc
o moço boy
a moça girl
o trem train
a viagem trip; voyage

o vapor steamer
acontecer to happen
divertir-se to enjoy oneself
morrer to die
ouvir to hear
regressar to return
jovem young
velho old

ir por trem to go by train
fazer uma viagem to take a trip, to travel
ouvir dizer to hear (to be told)
interessar-se por to be interested in

I. PRESENT PARTICIPLE. The present participle is formed by adding **–ando** to the stem of the first conjugation verbs; **–endo** to the stem of second conjugation verbs; and **–indo** to the stem of third conjugation verbs.

estudar: estudando *comer:* comendo *partir:* partindo

(*a*) The present participle is used with **estar** (to be) to indicate progressive action. With **ir** (to go), and **vir** (to come), it is used to denote motion.

Estou trabalhando aqui agora. *I am working here now.*
Vai correndo. *He is going on the run.*
Vem cantando. *He comes singing.*

(*b*) The present participle is invariable.

II. PAST PARTICIPLE. The past participle is formed by adding **–ado** to the stem of the first conjugation verbs; and **–ido** to the stem of second and third conjugation verbs.

estudar: estudado *comer:* comido *partir:* partido

(*a*) Some verbs have irregular, and others both irregular and regular, past participles.

abrir (to open): aberto	*ler* (to read): lido
crer (to believe): crido	*pôr* (to put): pôsto
dizer (to say): dito	*ser* (to be): sido
escrever (to write): escrito	*ver* (to see): visto
fazer (to do, make): feito	*vir* (to come): vindo
aceitar (to accept): accitado, aceito	*despertar* (to awaken): despertado, desperto

(*b*) Note that verbs in **–air** form the past participle regularly but take an accent on the "*i*."

sair (to go out): saído

(*c*) The past participle is invariable except when used as an adjective.

Tenho lido muitos livros.   *I have read many books.*
um livro bem feito   *a well-made book*
uma lição bem aprendida   *a well-learned lesson*

III. PERFECT TENSES. The perfect tenses are formed ordinarily with **ter** (to have), and the past participle.

Present Perfect

tenho escrito (I have written)
tens escrito
tem escrito
temos escrito
tendes escrito
têm escrito

Pluperfect (Past Perfect)

tinha escrito (I had written)
tinhas escrito
tinha escrito
tínhamos escrito
tínheis escrito
tinham escrito

Future Perfect

terei escrito (I shall have
terás escrito   written)
terá escrito
teremos escrito
tereis escrito
terão escrito

Conditional Perfect

teria escrito (I should have
terias escrito   written)
teria escrito
teríamos escrito
teríeis escrito
teriam escrito

(*a*) Sometimes **haver** (to have) instead of **ter** is used to form the perfect tenses, especially the pluperfect and the conditional perfect. Other forms are considered obsolete. The imperfect and the conditional indicative of **haver** are regularly conjugated.

Disse que havia (*or* tinha) escrito muitas cartas.   *He said he had written many letters.*

(*b*) The present perfect is used to indicate continuity of action or condition in the past. If there is no such continuity, the preterit is used.

Tenho visto o seu amigo todos os dias.   *I have seen your friend every day.*
O senhor viu o meu livro?   *Have you seen my book?*

EXERCISES

A. *To be read and translated into English.*
— Ouvi dizer que os seus tios estão viajando nos Estados Unidos?
— É verdade. Depois de chegarem a Nova Iorque (New York) ficaram ali algum tempo para aprender inglês. Agora estão viajando por todo o país.
— Como foram para os Estados Unidos?
— Foram por vapor.
— Têm viajado muito?
— Sim, senhor, têm viajado muito por trem, por avião, e por auto.
— Têm-se divertido muito, não é verdade?
— Sim, senhor. Têm gostado muito daquele país. Meu tio interessa-se muito pelos Estados Unidos.
— Quando pretendem regressar ao Brasil?
— Não sei ainda. Depois da sua viagem pelos Estados Unidos pretendem visitar também o Canadá.
— Como têm viajado?
— Compraram um automóvel logo depois de chegarem a Nova Iorque. Têm visitado muitos lugares interessantes de auto. Eu também prefiro viajar de auto quando as estradas são boas. Nos Estados Unidos há estradas muito boas em todo o país.
— Seus tios visitaram Detroit?

— Sim, senhor. Numa carta que papai recebeu deles disseram que tinham visitado a cidade de Detroit.

— Que outros lugares têm visitado?

— Estiveram em Nova Orleans (New Orleans), na Luisiana (Louisiana) e em Miami, na Flórida. Depois partiram para a Califórnia onde se encontram agora. Já estiveram em Hollywood, em São Francisco (San Francisco) e outros lugares da Califórnia. Eu gostaria de passar um ou dois anos na Universidade da Califórnia que ouvi dizer ser uma boa universidade.

— Espero que você possa fazer isso brevemente.

B. *To be translated into Portuguese.* 1. Do you like to travel by train? 2. We took an automobile trip yesterday. 3. He does not hear very well. 4. She enjoyed herself during her trip to the United States. 5. In the afternoon I always read a book. 6. In the evening we took a walk. 7. I have heard all he said. 8. These pupils have not studied their lesson. 9. These windows are opened. 10. We are working in this office now. 11. He had already gone when I arrived. 12. He had died already when I returned. 13. I was told that she is a good student. 14. He had gone out at 4 o'clock. 15. Do you like to travel by plane? 16. I should have written the letter.

C. *To be answered in Portuguese.* 1. Quando fez uma viagem de trem? 2. Prefere viajar de auto? 3. Que faz depois de jantar? 4. Como se chama este lugar? 5. Divertem-se os moços e as moças durante as férias? 6. Onde fica a estação da estrada de ferro? 7. Tem falado muito português com o professor? 8. Podem todos os alunos da classe ouvir o que diz o professor? 9. A porta da aula está fechada ou aberta? 10. Os alunos têm escrito muitos exercícios? 11. São todos os alunos jovens? 12. Quando regressa a sua casa? 13. Tem viajado muito por avião?

D. *To be filled in with the proper word or words in Portuguese.* 1. Não sei onde fica (the railroad station). 2. Quando partiu (the train)? 3. (I can't hear) muito bem. 4. (This happened) ontem. 5. (We are going to take a trip) amanhã. 6. (He did not die.) 7. Todas as janelas (are opened). 8. (They have returned already.) 9. (I have told him) isso muitas vezes. 10. (I am now writing) outro livro. 11. (I do not know these places.) 12. Há (many boys and girls) nesta classe. 13. (I am working) com meu pai e meus irmãos.

E. *Ten-minute quiz; 5 per cent for each correct answer.*

1. he died yesterday
2. they did not hear
3. this is the railroad
4. they enjoyed themselves
5. this happened today
6. I have said that
7. they had come
8. I had read it
9. what is his name?
10. I placed it there
11. fifteen boys and girls
12. at ten-thirty
13. several rooms
14. in this street
15. good news
16. to go to the movies
17. he took leave very early
18. many exercises to study
19. I am very glad
20. he is a foreigner

LESSON XXVII

COMPARISON OF ADJECTIVES AND ADVERBS

VOCABULARY

a **distância** distance
o **estudante** student
o **exame** examination
a **idade** age
o **vizinho** neighbor
distinguir distinguish
diferente (de) different

distinto distinct
igual (a) equal; alike, like
semelhante (a) similar; like
tanto so much; as much
anteontem day before yesterday
tão (*adv.*) so; as

que idade tem? *or*, **quantos anos tem?** how old are you?
tenho vinte anos I am twenty years old
tanto . . . como as much . . . as
amanhã de manhã tomorrow morning

I. COMPARISON OF ADJECTIVES. The comparative of inferiority or of superiority of adjectives is formed with **menos** (less) or **mais** (more) before the adjective; the superlative is formed with **o menos** or **o mais**.

Positive	Comparative		Superlative	
	Inferiority	*Superiority*	*Inferiority*	*Superiority*
rico	menos rico	mais rico	o menos rico	o mais rico
(rich)	(less rich)	(richer)	(the least rich)	(the richest)

(*a*) "Than" is translated as **do que** (abbreviated as **que**); before numerals **de** is used instead of **do que** (**que**). The superlative is usually followed by the phrase **de todos** (**de todas**) or a similar one.

Meu irmão é mais aplicado (do) que eu. *My brother is more diligent than I.*

Ele é o mais aplicado de todos os alunos. *He is the most diligent of all the pupils.*

Temos mais de vinte livros. *We have more than twenty books.*

114

(*b*) When there is no real comparison, "most" is translated as **muito, muitíssimo,** or the suffix **–íssimo** is added to the adjective, omitting the last vowel.

Ele é muito aplicado (muitíssimo aplicado, aplicadíssimo). *He is most diligent.*

(*c*) When "most" is used as a noun or a pronoun it is translated as **a maior parte** (*or* **a maioria**) **de.**

a maior parte (*or* a maioria) dos meus livros   *most of my books*

(*d*) Note that "in" after a superlative is translated in Portuguese as **de.**

Este edifício é o maior da cidade. *This building is the largest in the city.*

II. IRREGULAR COMPARISON. Some adjectives have irregular forms of comparison:

bom (good)	melhor (better)	o melhor (the best)
mau (bad)	pior (worse)	o pior (the worst)
grande (large)	maior (larger)	o maior (the largest)
pequeno (small)	menor (smaller)	o menor (the smallest)
muito (much)	mais (more)	o mais (the most)
pouco (little)	menos (less)	o menos (the least)

III. ADVERBS. Many adverbs have their own distinctive form. Others are derived from adjectives. In the latter case, to the feminine singular form (if distinct from the masculine) is added **–mente.**

aqui (here)	fàcilmente (easily)
logo (immediately)	cuidadosamente (carefully)
agora (now)	distintamente (distinctly)

(*a*) Adverbs are compared like adjectives. In the superlative the word **possível** (possible), or some such expression, is added.

Chegarei o mais cedo possível. *I shall arrive as early as possible* (lit.: *the earliest possible*).

(*b*) Note that the acute accent of some adjectives such as **fácil** is changed into the grave accent in the adverb (**fàcil-**

mente). Adverbs derived from adjectives with a circumflex accent preserve this accent: **cortês** (courteous), **cortêsmente.**

IV. COMPARATIVE OF EQUALITY. Equality is expressed by **tão (tanto) . . . como.** **Tão** is used before an adjective or adverb; **tanto (tanta, tantos, tantas)** before a noun.

Você trabalha tão cuidadosamente como eu. *You work as carefully as I.*

Eles têm tanto dinheiro como eu. *They have as much money as I.*

V. THE CORRELATIVE *"The . . . The."* The correlative "the . . . the" is expressed as **quanto . . . tanto. Tanto** is often omitted.

Quanto mais estudo, tanto mais aprendo (*or*, Quanto mais estudo, mais aprendo). *The more I study, the more I learn.*

VI. **Igual, Semelhante, Diferente.** These comparative adjectives require the use of a preposition: **igual a, semelhante a, diferente de.**

O seu livro é igual ao de João, mas diferente do meu. *Your book is like John's but different from mine.*

EXERCISES

A. *To be read and translated into English.*

— É muito diferente a vida na cidade da vida na roça, professor?

— É, sim, João. Uma das maiores diferenças é que na cidade temos muitos vizinhos e na roça os nossos vizinhos moram às vezes a grande distância.

— Como podem os moços que vivem na roça ir à escola?

— Sempre há escolas na roça para esses moços. Muitas dessas escolas têm agora automóveis que vão buscar os alunos de manhã e os levam para as suas casas de tarde.

— Prefiro viver na cidade porque é menos difícil ir para a escola quando se vive na cidade.

— Mas no verão é mais agradável viver na roça. O calor na cidade durante as férias é muito desagradável. O melhor para os moços da sua idade seria viverem na cidade durante o inverno e na roça durante o verão.

— Que fazem no inverno os moços que vivem na roça?

— Em alguns países, como nos Estados Unidos, os moços que vivem na roça divertem-se muito mais no inverno do que os que vivem na cidade. Em alguns lugares onde há neve o inverno é muitíssimo agradável.

— Os moços e as moças que vivem na roça têm tanto tempo para estudar como os que vivem na cidade?

— A maioria tem menos tempo porque têm de ajudar seus pais nos seus trabalhos. Mas eu conheço um moço que vive na roça que se tem distinguido muito nos seus estudos. É tão aplicado e estuda tanto como os alunos que vivem na cidade embora não tenha tantos livros. Como você sabe, geralmente, quanto mais se estuda (tanto) mais se aprende.

— O estudante mais aplicado da nossa classe, professor, é um moço que vive na roça. Ele sempre tem melhores notas do que os outros alunos.

B. *To be translated into Portuguese.* 1. We have more examinations now than last year. 2. This boy is as good a student as his brother. 3. My father is not as rich as my uncle. 4. We have more than twenty students in our class. 5. The winter in the United States is not like the winter in Brazil; it is colder. 6. The day before yesterday I went to New York. 7. This is the youngest student of the class. 8. Most of my brothers are now in this country. 9. This is a most difficult lesson. 10. The more time I have, the more I study. 11. He arrived earlier than his sister. 12. This book was carefully written. 13. She spoke very courteously. 14. This room is the smallest (of all).

C. *To be answered in Portuguese.* 1. O aluno é mais velho ou mais jovem que o professor? 2. Que pensa fazer amanhã de manhã? 3. O aluno fala português tão bem como o professor? 4. Estudou muito anteontem de noite? 5. Faz mais frio no Brasil que nos Estados Unidos? 6. Qual é maior, o Brasil ou os Estados Unidos? 7. Veio tão cedo para a classe como o professor? 8. Onde vive a maioria dos seus parentes? 9. Qual é o maior edifício desta cidade? 10. O aluno tem tanto tempo para estudar como o professor? 11. O seu livro é igual ao meu? 12. O aluno pode distinguir o seu livro do meu?

D. *To be filled in with the proper word or words in Portuguese.* 1. Temos (an examination) amanhã. 2. Não é fácil (to distinguish) o meu livro do seu. 3. Temos (as many) livros como você. 4. Não foi (carefully made). 5. Pronuncia (as distinctly as) o professor.

6. Esta casa é (better) que a minha.   7. (We read less yesterday.)
8. Este exercício (is easily written).   9. Meu irmão não é (as diligent as) minha irmã.   10. (Most of my relatives) moram aqui.
11. Estes livros (are not alike).   12. Não temos (as many neighbors) como você.

E. *Ten-minute quiz; 5 per cent for each correct answer.*

1. the distances are alike
2. what is your age?
3. she is ten years old
4. they are not alike
5. he is my neighbor
6. it is different
7. equal difficulties
8. most interesting
9. most of my friends
10. equally good
11. larger than mine
12. worse than this
13. the largest of all
14. the least possible
15. the smallest book
16. the worst day
17. intelligently
18. diligently
19. easily
20. as much time as possible

LESSON XXVIII

NUMERALS

Vocabulary

o **cruzeiro** cruzeiro (*unit of Brazilian currency*)
o **dólar** dollar
a **linha** line
a **média** average
o **número** number
a **página** page
contar to count
dividir to divide
multiplicar to multiply

somar to add
subtrair to subtract
anterior previous
novo new
simples simple
último . last
apenas scarcely; only
cerca de near; about; approximately
como how to; as

de modo a so as
isto é that is
por isso for that reason, therefore
ao todo on the whole, as a whole
pelo menos at least

I. Cardinal Numbers.

30	trinta	500	quinhentos
40	quarenta	600	seiscentos
50	cinquenta	700	setecentos
60	sessenta	800	oitocentos
70	setenta	900	novecentos
80	oitenta	1000	mil
90	noventa	1001	mil e um
100	cem	1010	mil e dez
101	cento e um	1100	mil e cem
110	cento e dez	2000	dois mil
120	cento e vinte	10.000	dez mil
199	cento e noventa e nove	100.000	cem mil
200	duzentos	1.000.000	um milhão (milhões)
300	trezentos	1.000.000.000	um bilião *or* bilhão
400	quatrocentos		(biliões, bilhões)

119

(*a*) The cardinal numbers from 1 to 100 are invariable except **um** and **dois** which become **uma** and **duas** when referring to feminine nouns.

(*b*) **Cem** becomes **cento** in numbers from 101 to 199.

(*c*) **Cem, cento, mil, milhão,** and **bilião** have the same form for the masculine and feminine. But **duzentos, trezentos,** etc., agree in gender with the noun to which they refer.

Cem livros e cento e dez penas.   *One hundred books and one hundred ten pens.*
Duzentos alunos.   *Two hundred pupils.*
Trezentas e duas casas.   *Three hundred two houses.*

(*d*) The preposition **de** is used after **milhão** and **bilião** (**bilhão**) when followed immediately by a noun.

Um milhão de dólares.   *One million dollars.*
But:
Um milhão e quinhentos mil dólares.   *One million five hundred thousand dollars.*

(*e*) Note that a point, instead of a comma, is used to indicate the thousands, the millions, etc.

1.003.455   um milhão, três mil, quatrocentos e cinquenta e cinco

II. Ordinal Numbers.

1st	primeiro	20th	vigésimo
2nd	segundo	21st	vigésimo primeiro
3rd	terceiro	30th	trigésimo
4th	quarto	40th	quadragésimo
5th	quinto	50th	quinquagésimo
6th	sexto	60th	sexagésimo
7th	sétimo	70th	septuagésimo
8th	oitavo	80th	octogésimo
9th	nono	90th	nonagésimo
10th	décimo	100th	centésimo
11th	décimo primeiro	1000th	milésimo
12th	décimo segundo	1.000.000th	milionésimo
13th	décimo terceiro		

(*a*) Ordinal numbers are abbreviated as **1º, 2º, 3º,** etc. The feminine forms are **1ª, 2ª, 3ª,** etc.

(*b*) Referring to lessons, kings, and objects in a series, the ordinal numbers are used to ten and the cardinal numbers above ten.

lição nona   *ninth lesson*
lição doze   *twelfth lesson*

III. FRACTIONS.

half   meio, meia (*adj.*); a metade (*noun*)
one third   um terço, uma terça parte
one fourth   um quarto
one tenth   um décimo
one hundredth   um centésimo
one thousandth   um milésimo

Li meio livro, *or* a metade do livro.   *I read half the book.*

(*a*) From $\frac{1}{11}$ up the fractional numerals are commonly formed using the cardinal and adding **avo** (**avos**).

$\frac{1}{13}$ um treze avo $\frac{2}{101}$ dois cento e um avos
$\frac{2}{13}$ dois treze avos $\frac{2}{1001}$ dois mil e um avos

(*b*) Note that a comma, instead of a point, is used to indicate the units in fractional numerals.

3,4   três e quatro décimos
10,50   dez e cinquenta centésimos
24,234   vinte e quatro e duzentos e trinta e quatro milésimos

IV. ARITHMETICAL SIGNS.

+ mais   ÷ dividido por
− menos   = igual a
× vezes, *or* multiplicado por

3 + 2 = 5   três mais dois igual a cinco
4 − 2 = 2   quatro menos dois igual a dois
3 × 3 = 9   três vezes três (*or*, três multiplicados por três) igual a nove
10 ÷ 2 = 5   dez divididos por dois igual a cinco

V. BRAZILIAN CURRENCY.

The unit of Brazilian currency is the **cruzeiro** (Cr$), equivalent to approximately 5 cents United States currency. The **cruzeiro** has one hundred **cen-**

tavos. Notice that cruzeiros and centavos are separated by a comma.

Cr$ 2.341.405,92   dois milhões, trezentos quarenta e um mil, quatrocentos e cinco cruzeiros e noventa e dois centavos

EXERCISES

A. *To be read and translated into English.* Este livro é pequeno e muito simples. É o primeiro livro de português que estudamos. Embora seja tão pequeno e simples é bastante difícil para a maior parte dos alunos. Já encontrámos mais dificuldades do que esperávamos encontrar.

Ainda não contei as páginas deste livro, mas sei que tem mais de 190 páginas. Encontramos nele trinta e seis lições, das quais já estudámos vinte e oito. Acabámos de estudar a lição vinte e oito. Temos, por isso, estudado quási três quartos do livro. Há ainda oito lições para estudar, isto é, apenas 30 páginas.

A primeira lição foi muito difícil. A segunda lição foi mais difícil que a primeira e a terceira ainda mais difícil que a segunda. Cada nova lição é mais difícil que a lição anterior. A última parte do livro é a mais difícil.

Aprendemos muitas palavras neste livro. Há nele mais de seiscentas e oitenta palavras diferentes. Cada lição tem uma média de dezoito palavras novas e estudámos já vinte e oito lições. Aprendemos até agora pelo menos quinhentas palavras portuguesas. Como aprendemos bem estas palavras, de modo a usá-las ao falar com alguém em português ou ao escrever uma carta, fizemos muito progresso. O professor já não fala muito em inglês na classe.

— Quantas palavras há neste livro? Não as contei ainda. Mas há cerca de trinta e cinco linhas em cada página. Cada linha tem entre oito e doze palavras; isto é, cada linha tem uma média de dez palavras, de modo que cada página tem quási trezentas e cinquenta palavras, não é verdade?

— Creio que há cerca de 196 páginas neste livro. Multiplicando esse número por 350 palavras por página, temos 68.600, isto é, cerca de 69.000 palavras ao todo.

B. *To be translated into Portuguese.* 1. How many lines are there in this page? 2. How many Portuguese words have you learned already? 3. Have you learned two hundred words or more? 4. How many pages did you read yesterday afternoon? 5. They say there are almost five hundred thousand words in the English language.   6. I have had a Portuguese dictionary for twelve years. 7. How old are you?   8. She is only sixteen years old.   9. Are you more than twelve years old?   10. I told you how old I am. 11. Can you count to twenty in Portuguese?   12. What is the name of this book?   13. I know how to add, subtract, multiply, and divide in Portuguese.   14. I spent 200 dollars and 500 cruzeiros.

C. *To be answered in Portuguese.*   1. Quantos anos tem?   2. Como se chama o seu livro de português?   3. Quanto lhe custou esse livro?   4. Quantos irmãos tem?   5. Quantas pessoas há na sua família?   6. Em que ano começou a estudar português?   7. Qual é o número da última lição?   8. Sabe contar até 100 em português? 9. Em que página está a lição vinte?   10. Qual é o número de páginas deste livro?   11. Quantos alunos há nesta classe?   12. Que dia é hoje?

D. *Practice with numerals.*

$8 + 11 = 19$	$32 - 10 = 22$	$7 \times 10 = 70$
$3 + 5 = 8$	$97 - 11 = 86$	$12 \div 2 = 6$
$5 + 4 = 9$	$580 - 20 = 560$	$220 \div 20 = 11$
$2 + 1 = 3$	$825 - 12 = 813$	$20 \div 10 = 2$
$30 + 20 = 50$	$617 - 17 = 600$	$500 \div 50 = 10$
$10 + 40 = 50$	$500 - 250 = 250$	$100 \div 10 = 10$
$11 + 15 = 26$	$2 \times 18 = 36$	$50 \div 2 = 25$
$41 + 22 = 63$	$10 \times 10 = 100$	$1000 \div 20 = 50$
$10 + 2 = 12$	$4 \times 3 = 12$	$1.422.500$
$8 + 8 = 16$	$50 \times 50 = 2500$	$20,53$
$117 - 17 = 100$	$5 \times 2 = 10$	$\frac{17}{23}$
$714 - 12 = 702$	$10 \times 4 = 40$	Cr $3.487,29

E. *Ten-minute quiz; 5 per cent for each correct answer.*

1. the station
2. during the trip
3. my street
4. his watch
5. good news
6. ten seconds
7. several pupils
8. half an hour
9. they returned
10. he put it there
11. by train
12. on Saturday
13. he went out
14. his office
15. on the street
16. many questions
17. a great favor
18. next day
19. excuse me
20. immediately

LESSON XXIX

HAVER AND DEVER — UNACCOMPLISHED ACTION

Vocabulary

o **estudo** study
a **certeza** certainty
o **fim** end
o **máximo** maximum
o **mundo** world
a **obra** work (*literary or artistic*)
a **oportunidade** opportunity
aumentar to increase

dever to owe; should, must
empregar to employ, to use
ganhar to gain; to earn; to win
investigar to investigate
nascer to be born
gradualmente gradually
sobre on, upon; concerning, in regard to

com certeza certainly
no máximo at the most
depois de amanhã day after tomorrow

I. **Haver de** + Infinitive. Besides its uses in certain idiomatic expressions and as an auxiliary verb to form the perfect tenses, **haver** may be used to express future action or condition, emphasizing determination or obligation. In such cases it is used in the present indicative followed by the preposition **de** + infinitive.

The present indicative of **haver** is conjugated as follows: **hei, hás, há, havemos, haveis, hão.**

Hei de estar ali às quatro da tarde. *I shall be there at four P.M.*

II. **Dever** (to owe, should, must). **Dever,** a regular verb of the second conjugation, is used to express indebtedness or moral obligation.

Devo-lhe vinte cruzeiros. *I owe him twenty cruzeiros.*
Devo ir depois de amanhã a Nova Iorque. *I ought to go to New York day after tomorrow.*

III. UNACCOMPLISHED ACTION. To express an action not yet accomplished the preposition **por** followed by the infinitive of the verb expressing the action is sometimes used.

Isto está por investigar. *This is yet to be investigated.*

EXERCISES

A. *To be read and translated into English.* Depois de termos acabado ontem a lição, o professor falou-nos sobre dicionários e disse-nos cousas muito interessantes. Disse-nos, por exemplo, que poucas cousas há ainda por investigar. Sabe-se hoje quantas palavras emprega uma pessoa que não estudou numa universidade e quantas emprega geralmente uma pessoa que estudou quatro anos numa universidade.

Durante quatro anos de estudo sempre se tem oportunidade para ler muitos livros, de modo que o vocabulário de um estudante de universidade aumenta gradualmente. Por isso no fim de quatro anos um bom estudante emprega cerca de nove ou dez mil palavras; mas quem não teve a oportunidade de estudar numa universidade emprega geralmente, no máximo, umas cinco mil palavras. Diz-se que Shakespeare empregou quási vinte mil palavras diferentes em suas obras. Com certeza conhecia ainda maior número de palavras.

Diz-se que não se precisa de conhecer mais de três mil palavras para compreender bem o que dizem os jornais e para falar com a família eos amigos. Não sei quem contou tedas essas palavras. Deve ter sido um trabalho difícil.

Também já foram investigados todos os dicionários do mundo. Sabe-se quantas palavras tem cada dicionário. Este pequeno dicionário tem cerca de quinze mil palavras; esse grande dicionário inglês tem pelo menos cem mil palavras.

É necessário que os alunos de português aprendam pelo menos mil palavras no primeiro ano de estudo.

Tudo o que o professor nos disse foi fàcilmente compreendido pela classe, porque falou muito devagar. Já não é preciso que ele nos fale em inglês porque compreendemos tudo o que ele diz em português.

B. *To be translated into Portuguese.* 1. There are not many students in this class today. 2. There is only one book on the table. 3. There are more than ten countries in the Americas. 4. There was no class the day before yesterday but there will be tomorrow.

5. I never have an opportunity to see him. 6. I ought to go to see him day after tomorrow. 7. I shall be there at nine (*use* **haver** *and* **estar**). 8. You should increase your vocabulary gradually. 9. I have read, at the most, ten books this year. 10. Do you want to go with me? 11. He asked me who was investigating this. 12. He does not earn more than I do. 13. He will pay the waiter.

C. *To be answered in Portuguese.* 1. O aluno tem as obras de Shakespeare? 2. Em que país nasceu? 3. Tem a certeza de vir à classe na próxima semana? 4. Quantas palavras emprega geralmente uma pessoa? 5. O aluno ganha mais este ano que no ano passado? 6. Tem aumentado o número de palavras portuguesas que conhece? 7. Quantas lições temos que estudar? 8. Gostaria de viajar por todo o mundo? 9. Tem que trabalhar amanhã? 10. Quantas palavras novas pensa aprender este ano? 11. O aluno tem oportunidade de falar português? 12. Compreende tudo o que o professor diz em português? 13. O Sr. tem de ir à cidade?

D. *To be filled in with the proper word or words in Portuguese.* 1. Tenho (many important works). 2. (I am not sure) se ele pode vir. 3. Não quero (to employ him). 4. (I never had an opportunity.) 5. O meu trabalho (has increased). 6. Desejo viajar (all over the world). 7. (He earns) mais que eu. 8. (At the most) li três livros este mês. 9. (I believe he will not come.) 10. (I must go to visit) meu irmão. 11. (They are investigating it.) 12. (I was born in this city.) 13. (One hour of study.) 14. Havemos de (come with you).

E. *Ten-minute quiz; 5 per cent for each correct answer.*

1. the whole world
2. he owes me a great deal
3. I must go
4. he spoke in regard to dictionaries
5. he learns gradually
6. many pages
7. he counts well
8. she does not know how to add
9. at a very great distance
10. they are all alike
11. how old are you?
12. a boy and a girl
13. they returned yesterday
14. we could not hear
15. his mother is very young
16. during the year
17. he died last night
18. to travel by train
19. a pleasant trip
20. nothing happened

LESSON XXX

DAYS, MONTHS — INTERROGATIVE PRONOUNS

Vocabulary

a ave bird	**cantar** to sing
o descanso rest	**gozar** to enjoy
a saúde health	**seguir** to follow
aparecer to appear	**novamente** anew, again
cair to fall	

cada vez mais more and more
o sol nasce the sun rises
o sol põe-se the sun sets
seguir-se a to come after

I. Days of the Week.

o domingo	*Sunday*	a quinta-feira	*Thursday*
a segunda-feira	*Monday*	a sexta-feira	*Friday*
a terça-feira	*Tuesday*	o sábado	*Saturday*
a quarta-feira	*Wednesday*		

(*a*) Note that the names of the days of the week are feminine except **domingo** and **sábado**. They do not need to be capitalized. **Segunda-feira, terça-feira,** etc., are usually abbreviated as **segunda, terça,** etc.

(*b*) The expressions "on Sunday," "on Monday," etc., indicating habitual action, are translated into Portuguese as **aos domingos, às segundas,** etc.

II. Months of the Year.

janeiro	*January*	julho	*July*
fevereiro	*February*	agosto	*August*
março	*March*	setembro	*September*
abril	*April*	outubro	*October*
maio	*May*	novembro	*November*
junho	*June*	dezembro	*December*

127

(*a*) The names of the months are not preceded by the article and are not capitalized.

no domingo, dois de maio   *on Sunday, May the second*

III. Interrogative Pronouns.

quem?	*who? whom?*	qual? quais?	*which?*
de quem?	*whose?*	quanto? quanta?	*how much.*
que?	*what?*	quantos? quantas?	*how many?*

(*a*) Interrogative "what" followed by a form of "to be" is translated as **qual**. Otherwise it is translated as **que**. If, however, interrogative "what" is used to elicit a definition, it is translated as **que,** even when followed by a form of "to be."

Qual é a cor do seu livro?   *What is the color of your book?*
Que fez você ontem?   *What did you do yesterday?*
Que é a neve?   *What is snow?*

(*b*) **Qual, quais** also translate "which" as an interrogative pronoun.

Qual é o seu irmão?   *Which is your brother?*
Qual dos dois cavalos você comprou?   *Which of the two horses did you buy?*

(*c*) In exclamations, "what a" is translated as **que.**

Que bela cidade!   *What a beautiful city!*

IV. **Cair** (to fall). This verb is conjugated like **sair** (to go out) given in Lesson XXIV.

EXERCISES

A. *To be read and translated into English.* As quatro estações do ano são a primavera, o verão, o outono e o inverno. Cada estação tem, mais ou menos, três meses. Os três meses do inverno são, nos Estados Unidos, dezembro, janeiro e fevereiro. A primavera segue-se ao inverno. Os meses da primavera são março, abril e maio. Os meses do verão são junho, julho e agosto. Os outros meses são os do outono.

O ano tem trezentos e sessenta e cinco dias ou cinquenta e duas semanas. Os dias da semana chamam-se domingo, segunda, terça, quarta, quinta, sexta e sábado. O domingo é o primeiro dia da semana e o sábado o último. Há seis dias de trabalho e um de descanso em cada semana.

Cada dia tem vinte e quatro horas. Trabalha-se geralmente oito horas por dia. Para gozar boa saúde é preciso dormir oito horas por dia. Precisamos de oito horas para comer, ler, conversar e descansar.

Geralmente no inverno faz frio. Neva muito, às vezes, nos Estados Unidos. As noites são muito longas e os dias muito curtos. O sol nasce às oito da manhã e põe-se às quatro da tarde.

Na primavera os dias ficam cada vez mais longos e as noites cada vez mais curtas. Em abril aparecem as primeiras flores. As aves voltam a cantar nas árvores. A primavera é a estação mais bela do ano.

O verão também é uma bela estação. No verão o sol nasce muito cedo e põe-se muito tarde. O dia vinte e um de junho nos Estados Unidos é o mais longo do ano. Durante o verão temos algumas semanas de férias. Como faz muito calor, gostamos de passar sempre alguns dias na roça.

No outono abrem-se novamente as escolas. Já começa a fazer frio e pode-se trabalhar sem ficar muito cansado. Também se pode dormir melhor. Prefiro o outono às outras estações do ano.

B. *To be translated into Portuguese.* 1. I have classes three times a week: on Mondays Wednesdays, and Fridays. 2. In the winter we work very hard; but in the summer we take long vacations. 3. Spring is the season of flowers and fall the season of fruits. 4. The sun sets very late in the summer. 5. I got up before four o'clock today. 6. On Sundays I always like to go to church. 7. The birds always come to sing in this tree. 8. In the summer I like to swim in this river. 9. On Tuesday I go to school. 10. In the winter we like to work. 11. His health is not good now. 12. Of all seasons of the year I like autumn the best. 13. The school opens again in September. 14. They fell when I was in the other room.

C. *To be answered in Portuguese.* 1. Em que mês nasceu? 2. De que estação do ano gosta mais? 3. Quando faz mais calor neste país? 4. Quando vem à classe de português? 5. Levanta-se antes ou depois de nascer o sol? 6. Quando toma as suas férias? 7. Quantas semanas há num mês? 8. Quais são os meses do inverno? 9. Quantas estações tem o ano? 10. Qual é o dia de descanso?   11. Que gosta de fazer no verão?   12. Quando são os dias mais longos?   13. De quem são estes livros?

   D. *To be filled in with the proper word or words in Portuguese.* 1. Levantamo-nos (before the sun rises).   2. (During the winter) trabalhamos muito.   3. (In July) sempre vamos para a roça.   4. (His health) nunca é boa no inverno.   5. (June, July, and August) são meses muito quentes neste país.   6. Sempre gostamos de visitar nossos pais (in December).   7. Não há (many birds) na nossa fazenda.   8. (On Sunday) sempre vamos à igreja.   9. Temos classe de português (on Tuesday and Thursday).   10. (Autumn and spring) são as estações do ano de que mais gosto.   11. (I do not know how to sing.)   12. (I always enjoy) boa saúde.   13. (In general) ele estuda as suas lições (again) depois da classe.

   E. *Ten-minute quiz; 5 per cent for each correct answer.*

1. as rich as
2. the most diligent man
3. his pen is larger than mine
4. mine is better than his
5. we know how to count
6. up to 524
7. there are no students here
8. I have to go
9. two weeks ago
10. he cannot go now
11. during May and June
12. the last week of study
13. next month
14. the sun sets at 6 P.M.
15. it rises at 4 A.M.
16. which is your book?
17. sometimes it is pleasant
18. Monday comes after Sunday
19. they always appear in the spring
20. what a beautiful bird!

LESSON XXXI

THE IMPERATIVE — THE PLUPERFECT

VOCABULARY

o andar story	**mudar** to move; to change
a escada stairway	**reunir** to gather
o jardim garden (*flower*)	**reunir-se** to get together
a madeira wood	**subir** to go up, to climb
o móvel piece of furniture	**alto** high; tall
o porão basement	**baixo** low
o soalho (assoalho) floor	**bonito** pretty
o sótão attic	**confortável** comfortable
o teto ceiling	**estreito** narrow
cercar to surround	**largo** wide; broad
cobrir to cover	**além de** besides
descer to go down; to come down	

a água corrente running water
o andar de cima upper floor
o andar térreo ground floor
o papel de parede wallpaper
à vontade at ease

I. THE IMPERATIVE. The imperative is used in affirmative direct commands in the second person. The singular of the imperative is ordinarily the same as the third person singular of the present indicative; the plural of the imperative is identical with the second person plural of the present indicative without the final **–s**.

falar (to speak): fala, falai
comer (to eat): come, comei
partir (to start): parte, parti

II. THE PLUPERFECT. The simple pluperfect is formed by substituting for the **–ram** of the third person plural of the

131

preterit indicative the following endings: **–ra, –ras, –ra, –ramos, –reis, –ram.** There are no exceptions to this rule.

falar (falaram): falara, falaras, falara, faláramos, faláreis, falaram
comer (comeram): comera, comeras, comera, comêramos, comêreis, comeram
partir (partiram): partira, partiras, partira, partíramos, partíreis, partiram

Note the acute accent in the first and second persons plural of the first and third conjugation verbs and the circumflex accent in the same person of the second conjugation verbs, indicating the stressed syllables.

(*a*) The pluperfect is used to express an action or condition prior to another past action or condition. Ordinarily the compound pluperfect (past perfect) is used instead of the simple pluperfect.

Ele saíra (*or*, tinha saído) quando cheguei. *He had gone out when I arrived.*

III. Fazer . . . Que. To express the completion of a time period, the idiom **fazer . . . que** is used. In such cases **fazer** is used only in the third person singular.

Faz três anos que moro nesta casa. *I have been living in this house for three years.*
Fazia um mês que estave ali. *He had been there for a month.*

IV. Subir (to go up). Verbs of the third conjugation with radical **u** change this letter into **o** in the second and third singular and third plural persons of the present indicative.

Pres. Ind.: subo, sobes, sobe, subimos, subis, sobem

EXERCISES

A. *To be read and translated into English.* Em junho do ano que vem faz três anos que vivemos nesta casa. Papai poderia ter comprado outra casa há um ano, mas mamãe disse-lhe: Fiquemos aqui. Embora esta casa não seja tão grande como outras que temos visto, gosto muito dela e não quereria viver em outra. Sinto-me aqui à vontade.

A nossa casa fica numa rua estreita; por isso não passam por aqui muitos automóveis. Como todas as outras casas desta rua, não é muito grande, mas é bastante confortável. Está cercada de árvores. Durante a primavera e o verão temos muitas flores. Mamãe gosta muito de trabalhar no jardim quando faz bom tempo.

A nossa casa tem dois andares além do porão e do sótão. Tem apenas sete quartos. No andar térreo encontram-se a sala de estar, a cozinha e a sala de jantar. No andar de cima ficam três quartos e o banheiro. Há também um pequeno quarto no sótão onde eu me reuno com os meus amigos às vezes à noite. Temos água corrente, quente e fria, no banheiro e na cozinha. Os soalhos são de boa madeira e as paredes estão cobertas de papel muito bonito. Os móveis de toda a casa são simples mas bons e confortáveis.

Sobe-se ao andar de cima da nossa casa por uma escada que não é muito larga. Como não passam muitos automóveis pela nossa rua e não há estrada de ferro ou bondes perto, podemos descansar e dormir bem à noite.

É por essa razão que não queremos mudar para outra casa.

B. *To be translated into Portuguese.* 1. He told me: Write (*second person*) this letter now. 2. Do not go (*second person*) tomorrow to your friend's house. 3. Where is your house? 4. We have four rooms on the first floor. 5. My room is on the upper floor. 6. The street is very narrow. 7. I have many books in my bedroom. 8. Our house is surrounded with tall trees. 9. I do not climb this stairway. 10. Some houses in this city are very high and have more than ten floors. 11. The floor of this house is not good. 12. There are many pretty houses on this street. 13. This room's ceiling is very low. 14. He told me he had spoken with him and had left immediately. 15. We have been studying this book for two months.

C. *To be answered in Portuguese.* 1. Onde fica a sua casa? 2. Quantos quartos tem a sua casa? 3. Em que andar fica o seu quarto? 4. Há muitas árvores no jardim? 5. Há um porão e um sótão na sua casa? 6. Gostaria de ter um quarto no sótão? 7. Há muitas flores no jardim da sua casa durante o verão? 8. Como se sobe para este andar? 9. O seu quarto fica no andar térreo? 10. Quantos andares tem a sua casa? 11. Há água corrente no seu quarto? 12. Onde se reune com os seus amigos?

D. *To be filled in with the proper word or words in Portuguese.* 1. (Our bedroom) é muito estreito. 2. Não temos muitas (stairways) em nossa casa.   3. A nossa casa (is surrounded) de árvores.   4. Não gostamos de subir (to the attic).   5. A casa de meu primo (is very pretty).   6. Há quatro quartos (on the second floor).   7. A cozinha fica (on the ground floor).   8. (It is necessary to go down now.) 9. Não temos (hot water) em nossa casa.   10. (They are not at ease.)   11. (I don't like this wallpaper.)   12. Tem outra casa (besides this one).   13. (I don't want to move) para outra casa. 14. (They changed) a hora da classe.   15. (We had gone) antes de chover.   16. (How long have you been studying) esta lição?

E.   *Ten-minute quiz; 5 per cent for each correct answer.*

1. good floors
2. pretty furniture
3. a low ceiling
4. we gather here
5. surrounded with friends
6. a great country
7. they sing well
8. which is yours?
9. the sun sets at 6 P.M.
10. Friday, January 14th
11. many examples
12. a good opportunity
13. he is not sure
14. it is necessary to investigate it
15. she wants to see the world
16. they were born here
17. he is learning gradually
18. I earn enough
19. he must know
20. they always use many words

LESSON XXXII

IMPERFECT AND FUTURE SUBJUNCTIVE

VOCABULARY

a **beleza** beauty
a **capital** capital
o **carioca** inhabitant of the city of Rio de Janeiro
a **costa** coast
o **habitante** inhabitant
o **lago** lake
a **montanha** mountain
o **Oceano Atlântico** Atlantic Ocean
o **Oceano Pacífico** Pacific Ocean

o **ouro** gold
a **pasiagem** landscape
o **povo** people (*the inhabitants of a community or a country*)
admirar to admire
escolher to choose
mencionar to mention
norte-americano North American
porém however

I. IMPERFECT SUBJUNCTIVE. The imperfect subjunctive is formed by substituting for the **–ram** of the third person plural of the preterit indicative the following endings: **–sse, –sses, –sse, –ssemos, –sseis, –ssem.** There are no exceptions to this rule.

falar (falaram): falasse, falasses, falasse, falássemos, falásseis, falassem

comer (comeram): comesse, comesses, comesse, comêssemos, comêsseis, comessem

partir (partiram): partisse, partisses, partisse, partíssemos, partísseis, partissem

estar (estiveram): estivesse, estivesses, estivesse, estivéssemos, estivésseis, estivessem

poder (puderam): pudesse, pudesses, pudesse, pudéssemos, pudésseis, pudessem

ser (foram): fosse, fosses, fosse, fôssemos, fôsseis, fossem

(*a*) The imperfect subjunctive is used in a subordinate clause introduced by **que,** when the principal verb is in the past.

Disse-me que viesse ver a casa. *He told me to come to see the house.*

135

(*b*) The imperfect subjunctive is sometimes used with a principal verb in the present tense if the subordinate clause expresses past time.

Sinto que o senhor não pudesse vir. *I am sorry you could not come.*

II. FUTURE SUBJUNCTIVE. The future subjunctive is formed by substituting for the **–ram** of the third person plural of the preterit indicative the following endings: **–r, –res, –r, –rmos, –rdes, –rem.** There are no exceptions to this rule. The future subjunctive is generally identical with the personal infinitive.

falar (falaram): falar, falares, falar, falarmos, falardes, falarem

comer (comeram): comer, comeres, comer, comermos, comerdes, comerem

partir (partiram): partir, partires, partir, partirmos, partides, partirem

estar (estiveram): estiver, estiveres, estiver, estivermos, estiverdes, estiverem

poder (puderam): puder, puderes, puder, puderemos, puderdes, puderem

ser (foram): for, fores, for, formos, fordes, forem

(*a*) The future subjunctive is used to express a future action or condition, either hypothetical or real. It is never used in subordinate clauses beginning with the conjunction **que.** It is ordinarily used in clauses beginning with: **o que** (he who), **quem** (who), **quando** (when), **depois que** (after), **logo que** (as soon as), **enquanto** (while, as long as), and in conditional clauses beginning with **se** (if), when future time is expressed or implied. Note, however, that if the clause expresses customary action, the indicative is used.

Quando forem ao Brasil visitarão São Paulo. *When they go to Brazil they will visit São Paulo.*

Enquanto eu for estudante, estudarei o mais possível. *As long as I am a student, I shall study as much as possible.*

Se eu for amanhã a Nova Iork hei de trazer-lhe um presente. *If I go to New York tomorrow, I shall bring you a present.*

But:

Quando vou a Nova Iork sempre falo com ele.   *When I go to New York I always speak with him.*

III. Nouns Used as Adjectives.   In Portuguese, nouns are never used alone as adjectives. **De** is used to form an adjective phrase.

> uma colher de prata   *a silver spoon*
> um relógio de ouro   *a gold watch*

Note the difference between **uma chícara para café** (a coffee cup) and **uma chícara de café** (a cup of coffee).

IV. **O Povo, A Gente.**   Note the difference between **o povo** (the people, the inhabitants of a community or a country, as a whole), and **a gente** (people, a group of persons).

o povo do Rio de Janeiro   *the people of Rio de Janeiro*
Muita gente não gosta de viajar.   *Many persons don't like to travel.*

EXERCISES

A. *To be read and translated into English.*
— O senhor tem viajado muito?
— Tenho, sim, senhor. Já estive em quási todos os países da América.
— O senhor é norte-americano?
— Sou, sim, senhor. Porém tenho vivido a maior parte da minha vida no Brasil. É por isso que conheço bastante a língua portuguesa.
— Em que países esteve o senhor?
— Visitei o México, os países da América Central, todos os países da costa do Pacífico da América do Sul, a Argentina, o Uruguai (Uruguay), e grande parte do Brasil.
— De todos esses países, qual é o mais bonito?
— Isso é impossível dizer. Todos eles têm muitas belezas. Por exemplo, gosto muito das paisagens de alguns países da América Central e do México onde há lagos e montanhas. Também gosto das altas montanhas dos países da costa do Oceano Pacífico. A cidade de Buenos Aires é muito bela. E no Brasil admiro muito o Rio de Janeiro, São Paulo, a Bahia, o Recife, e outras cidades.

— O senhor não mencionou os Estados Unidos onde nasceu.

— É verdade. Também tenho viajado muito ali. Conheço vinte estados do meu país, e se for ali este ano visitarei outros.

— Sempre gostamos mais do lugar onde nascemos. Porém, onde gostaria o senhor de viver se pudesse escolher?

— Preferiria viver no Rio de Janeiro. Se me fosse possível escolher, creio que escolheria a capital brasileira. O Rio de Janeiro é uma grande cidade onde se pode gozar a vida, e gosto muito do povo dessa cidade.

B. *To be translated into Portuguese.* 1. He mentioned several countries where he had been. 2. We all admire it very much. 3. The capital of Brazil is Rio de Janeiro. 4. She told me to be here today. 5. There are many lakes in this country. 6. They wanted us to speak good Portuguese. 7. There is a lake near my brother's farm. 8. I have never visited Central America. 9. I like a landscape with mountains. 10. When I go to Brazil I want to speak Portuguese. 11. We have chosen all these books. 12. Brazil has a long coast on the Atlantic Ocean. 13. We are sorry you were ill. 14. Have you a gold ring?

C. *To be answered in Portuguese.* 1. Quantos países da América conhece? 2. Já esteve na América do Sul? 3. Há montanhas altas nos Estados Unidos? 4. Conhece a costa do Pacífico dos Estados Unidos? 5. Onde há lagos muito grandes? 6. Gostaria de passar as suas férias na América do Sul? 7. Como se chama o habitante do Rio de Janeiro? 8. Onde gostaria de viver? 9. Qual é a capital da Argentina? 10. Gosta de paisagens com montanhas e lagos? 11. Que cidades desejaria visitar? 12. De que gosta mais: das montanhas ou dos lagos? 13. Há muito ouro na América do Sul?

D. *To be filled in with the proper word or words in Portuguese.* 1. Não há (mountains) neste país. 2. Tenho uma casa (near a lake). 3. O meu amigo is (an American). 4. Vivo (in the capital). 5. (I admire its beauty.) 6. Este país tem (a long coast). 7. (As soon as he comes) diga-lhe que lhe quero falar. 8. (He always chooses) o melhor lugar. 9. (They did not mention) estas cidades. 10. (If I go) ao Brasil visitarei São Paulo. 11. Disse-me (he could not go). 12. (He told me to go.) 13. (A gold watch.) 14. (This city's people.) 15. (Many people work hard all the year.)

E. *Ten-minute quiz; 5 per cent for each correct answer.*

1. they came down
2. a pretty place
3. a wide room
4. he is never at ease
5. a floor of good wood
6. what a pretty city!
7. sometimes we go with him
8. they always follow us
9. I enjoy the landscape
10. the sun rises early
11. it is yet to be investigated
12. they are good examples
13. he was born here
14. they employ many persons
15. it is not necessary
16. a wood ceiling
17. he counted all the lines
18. the previous lesson
19. a new vocabulary
20. they enjoyed themselves

LESSON XXXIII

SIMPLE CONDITIONS — PRESENT UNREAL CONDITIONS

VOCABULARY

a **América Latina** Latin America
a **baía** bay
o **gosto** pleasure
o **lado** side
o **plano** plan, project
o **porto** port, harbor
a **volta** return
alegrar-se to be glad
aproveitar to take advantage
dedicar to devote
parecer to appear

parecer-se (com) to resemble
perder to lose
preocupar-se to worry
amável amiable
detalhado detailed
espanhol Spanish
industrial industrial
situado situated
verdadeiro true
só (*adj.*) alone; (*adv.*) only
dar-se bem to get along well
muito que ver much to see

à volta on the return trip

I. SIMPLE CONDITIONS. In the ordinary simple conditional sentence, "if" is translated by **se,** followed by the future subjunctive. However, when **se** is equivalent to "whether," the indicative is used.

Se fizer bom tempo iremos fazer compras. *If the weather is good we shall go shopping.*
Perguntou-me se eu queria ir com ele. *He asked me if (whether) I wanted to go with him.*

(*a*) Sometimes in a simple conditional sentence beginning with **se** the indicative is also used if present time or customary action is expressed or implied.

Se sabemos português, é porque o estudámos. *If we know Portuguese, it is because we studied it.*
Se me levanto cedo, é porque é necessário. *If I get up early, it is because it is necessary.*

II. UNREAL CONDITIONS. If a clause expresses a condition contrary-to-fact, the imperfect subjunctive is used.

Se estudassem saberiam a lição. *If they studied, they would know the lesson.*

III. **Parecer** AND **Parecer-se.** "To appear" may be translated into Portuguese as **aparecer** (to make an appearance) and as **parecer** (to look like). **Parecer-se (com)** means to resemble, to look like.

O Sr. Smith apareceu muito tarde. *Mr. Smith appeared very late.*
Este lápis parece ser meu. *This pencil seems to be mine.*
Meu irmão parece-se comigo. *My brother looks like me.*

EXERCISES

A. *To be read and translated into English.*
— Seus pais queriam fazer uma viagem ao Brasil, não é verdade?
— Sim, senhor; e eu também. Esperávamos que fosse possível ir este verão, mas papai esteve muito doente durante o inverno passado e ainda não pode fazer uma longa viagem.
— Sinto muito que seu pai estivesse doente. Quando pretendem ir?
— É provável que só possamos ir na primavera que vem. O senhor quer dizer-me alguma cousa sobre o Brasil?
— Com muito gosto. O Brasil é um país muito grande e tem muito que ver. Se você for, poderá dedicar algum tempo ao estudo da língua portuguesa. Se pudesse ficar no Brasil um ou dois anos, seria ainda melhor.
— Talvez mais tarde eu volte ao Brasil para estudar. Agora só poderemos ficar dois ou três meses.
— Nesse caso você e seus pais devem visitar o Rio de Janeiro, São Paulo, o Recife e a Bahia pelo menos. São quatro grandes cidades muito interessantes. O Rio é uma das mais belas cidades do mundo. Enquanto estiverem ali devem aproveitar para visitar Petrópolis e Niterói, que ficam a pouca distância da capital. Niterói fica do outro lado da Bahia Guanabara e Petrópolis está situada nas montanhas, muito perto do Rio também. Logo que chegarem ao Rio devem fazer um plano detalhado da viagem para não perderem tempo.
— O senhor pensa que nos daremos bem no Brasil?

— Não se preocupe com isso. Os brasileiros são muito amáveis.

— Que há de interessante nas outras cidades?

— São Paulo é uma das maiores cidades industriais da América Latina. É uma cidade que se parece muito com as cidades norte-americanas. Quando ali forem, espero que tenham a oportunidade de visitar uma fazenda de café e também o grande porto de Santos. À volta para os Estados Unidos poderão visitar a Bahia e o Recife, duas cidades também muito interessantes.

— Alegro-me de que haja tantas cousas interessantes para ver no Brasil.

B. *To be translated into Portuguese.* 1. It would cost at least five hundred dollars. 2. There are many interesting things to see in Brazil. 3. São Paulo is a very important industrial city. 4. I made a very detailed plan. 5. I had hoped that we might have a holiday tomorrow. 6. If he had gone he would have enjoyed himself. 7. I could finish my work today if I had a good dictionary. 8. He asked me if I knew Spanish. 9. He told me that if he knew Portuguese it was because he had studied it. 10. If it doesn't rain I shall go with you for a walk. 11. If I had time I should like to read all these books. 12. He is very worried. 13. He is a true friend. 14. We have devoted many months to the study of Portuguese.

C. *To be answered in Portuguese.* 1. Onde fica o Rio de Janeiro? 2. Qual é a capital dos Estados Unidos? 3. Que há de interessante para ver nesta cidade? 4. Onde fica Petrópolis? 5. Porque não vai ao Brasil? 6. Com que cidades se parece São Paulo? 7. Que porto importante fica perto da cidade de São Paulo? 8. Com que outra língua se parece a portuguesa? 9. O aluno dá-se bem nesta cidade? 10. Que é uma fazenda? 11. O aluno aproveita os domingos para descansar? 12. Esta cidade é muito industrial?

D. *To be filled in with the proper word or words in Portuguese.* 1. Os brasileiros (are very amiable). 2. (He looks very much like his father.) 3. (We take advantage) de todas as oportunidades. 4. (He is very worried.) 5. Perguntou-me (if I had lost my book). 6. (If I am glad) é porque tenho razão. 7. (On the return trip) desejo ver a minha família. 8. Disseram-me (that I would get along well) ali. 9. (Is there much to see) neste país? 10. (I can only) ficar uma hora. 11. São Paulo (is a very important city of Brazil). 12. Há muitas (farms) perto deste lago.

E. *Ten-minute quiz; 5 per cent for each correct answer.*

1. he is ten years old
2. it is very different
3. I have as many as he has
4. day before yesterday
5. tomorrow morning
6. a trip by train
7. he died yesterday
8. a different place
9. during the year
10. he enjoyed himself
11. good news
12. he has several books
13. on Sunday
14. last year
15. excuse me
16. I am glad
17. help me
18. I am sorry
19. I believe it
20. on foot

LESSON XXXIV

INDEFINITE PRONOUNS — AUGMENTATIVES AND DIMINUTIVES

Vocabulary

a dúvida doubt
a expressão expression
a idéia idea
a lista list
a memória memory
o som sound
decorar to memorize
expressar to express

ambos, ambas both
idiomático idiomatic
mesmo same
qualquer any; whatever
rápido quick, rapid
constantemente constantly
literalmente literally
de memória by heart

I. Indefinite "They," "People." The English indefinites "they," "people," may be expressed in Portuguese by the reflexive form as already explained, or by the third person plural of the verb.

Dizem que este homen é muito rico. *They say that this man is very rich.*

II. **Algum, Alguma** (some, any, a few). **Algum, alguma** may be used instead of **nenhum, nenhuma** to mean "no," "none." It is then placed after the noun to which it refers.

Não tenho nenhum livro, *or*
Não tenho livro algum. *I don't have any book.*

III. **Ninguém, Pessoa Alguma.** Instead of **ninguém** (no one, nobody), **pessoa alguma** may be used for greater emphasis.

Não conheço ninguém aqui, *or*
Não conheço pessoa alguma aqui. *I don't know anyone here.*

IV. **Ambos, Ambas.** When preceding the noun, **ambos, ambas** (both) are followed by the definite article.

Ambas as casas são minhas. *Both houses are mine.*

But:

Ambos foram comigo. *Both went with me.*

144

V. AUGMENTATIVE AND DIMINUTIVE ENDINGS. By adding an augmentative or diminutive ending to a noun, an adjective, a participle used as an adjective, and certain gerunds and adverbs, it is possible to modify their meaning and express greatness or smallness.

(*a*) The principal augmentative suffixes are **–ão** (*fem.* **–ona**) and **–zarrão** (*fem.* **–zarrona**), the latter being used with words ending in a nasal syllable.

mulher (woman)	mulherona (a large woman)
cão (dog)	canzarrão (a large dog)

(*b*) The principal dimunitive suffixes are **–inho** (*fem.* **–inha**), **–ito** (*fem.* **–ita**).

primo (cousin)	priminho (small cousin)
casa (house)	casita (small house)
só (alone)	sòzinho (all alone)

EXERCISES

A. *To be read and translated into English.* Para aprender uma língua estrangeira é preciso comprar um bom dicionário. Se o estudante tiver um bom dicionário poderá aprender mais rápidamente. É necessário aprender muitas palavras de memória e aprender a empregá-las corretamente. Se o estudante desejar escrever cartas na língua estrangeira que está estudando terá de conhecer cerca de mil palavras.

É necessário que o estudante escreva muitas palavras no seu caderno. Não é bastante escrever e decorar algumas frases. É necessário aprender pelo menos umas 800 palavras e muitas frases idiomáticas. O estudante deve fazer uma lista de palavras novas cada dia e aprendê-las de memória em casa. Também é preciso aprender a pronunciá-las corretamente. Quando tiver alguma dúvida sobre qualquer palavra, o estudante deve perguntar ao professor como se pronuncia tal palavra.

Só se pode aprender uma língua estrangeira repetindo constantemente os sons dessa língua que expressam idéias. É preciso aprender não só palavras, mas também frases idiomáticas. Cada língua tem o seu modo de expressar algumas idéias. Não se deve traduzir literalmente, palavra por palavra. Deve-se traduzir a idéia e a frase idiomática.

Quando o estudante não compreender o que o professor disser, deverá imediatamente pedir-lhe que repita o que disse.

B. *To be translated into Portuguese.* 1. I have something to tell you. 2. I did not bring you anything. 3. We never said such a thing. 4. Who wishes to come? 5. Do not do that so quickly. 6. This is too much. 7. Each one of the students received a book. 8. Any of these persons will help you. 9. No one has come to see you. 10. Both went with us. 11. They learned it by heart. 12. They say that he is a very good student. 13. Both books are his.

C. *To be answered in Portuguese.* 1. Que é preciso fazer para aprender bem uma língua estrangeira? 2. O aluno tem um bom dicionário? 3. Quantas línguas fala? 4. Sabe falar francês? 5. Há quanto tempo estuda português? 6. Quantas palavras novas aprendeu hoje? 7. Pode traduzir do português para o inglês? 8. Que quer dizer "expressão idiomática"? 9. Lembra-se de todas as palavras que aprendeu? 10. Tem alguma dúvida sobre a pronúncia das palavras portuguesas? 11. Os sons portugueses são os mesmos que os ingleses? 12. É fácil decorar todas as palavras dos vocabulários?

D. *To be filled in with the proper word or words in Portuguese.* 1. Tenho (as many) livros como você. 2. (These sounds) são difíceis de pronunciar. 3. Este homem (is the same) que esteve ontem aqui. 4. (Both went yesterday.) 5. Temos (some doubts) sobre isto. 6. Sei que (something) foi perdida aqui. 7. (There are few persons) nesta sala. 8. (Many people) não crê o que ele diz. 9. Precisamos de estudar (constantly). 10. (It is not possible to go.) 11. (He knows how to express himself well.) 12. Foi traduzido (very literally). 13. (A little boy and a large dog.) 14. Não tenho (any money with me).

E. *Ten-minute quiz; 5 per cent for each correct answer.*

1. many mistakes
2. he speaks correctly
3. perhaps he can go
4. in case he cannot come
5. it is very interesting
6. it is not worth much
7. we are glad
8. a foreign teacher
9. an intelligent student
10. there isn't much to see
11. before going
12. he intends to study
13. more or less
14. unless it rains
15. I believe so
16. so that I can read
17. I feel very sorry
18. so that
19. since yesterday
20. behind the table

LESSON XXXV

PASSIVE VOICE — SOFTENED STATEMENT

Vocabulary

o apartamento apartment
n autor author
o bairro neighborhood
o banco bank
o correio post office
o governo government
a história history
o hotel hotel
a praça square
a praia beach
a repartição government department

a residência residence
o teatro theater
construir to build
incluir to include
prometer to promise
antigo ancient, old
moderno modern
atual present
atualmente at present
dentro within, inside
fora outside

casa de apartamentos apartment house
casa de pensão boardinghouse
fazer parte de to belong to; to be a part of
que bom! fine! great!

I. THE PASSIVE VOICE. The passive voice is formed with
ser (to be) and the past participle of the active verb. The
participle agrees in gender and number with the subject.

Este livro foi escrito pelo senhor Smith. *This book was written by
Mr. Smith.*
Esta casa será comprada por mim. *This house will be bought
by me.*

(a) Estar is used instead of ser to indicate a resultant
action or state.

Este livro está bem escrito. *This book is well written.*

II. SOFTENED STATEMENT. In softened statements the imperfect indicative, the conditional, or sometimes the pluper-

147

fect is used instead of the more direct and commanding present indicative.

Queria (*or*, quereria, quisera) ver o senhor White. *I should like to see Mr. White.*

(*a*) Note that "will" in the sense of *being willing to* is expressed by **querer**.

Quereria o senhor vir comigo? *Would you like (want) to come with me?*

EXERCISES

A. *To be read and translated into English.*
— Boa tarde, Roberto. Como está você?
— Bem, obrigado, professor. E o senhor como vai?
— Vou bem. Acabo de ler um interessante livro sobre o Rio de Janeiro. O autor conhece bem a história da capital do Brasil e diz muitas cousas interessantes sobre a cidade e os seus habitantes.
— Que quer dizer a palavra carioca, professor?
— Chama-se carioca a pessoa nascida na cidade do Rio de Janeiro.
— Há casas muito altas no Rio?
— Há, sim; mas não tão altas como em algumas cidades dos Estados Unidos. No Rio de Janeiro não se precisa construir edifícios muito altos. Alguns edifícios de escritórios, bancos, etc. no centro da cidade são mais altos que os dos bairros de residência. Há também grandes edifícios no centro da cidade, como o correio e outras repartições do governo. Algumas casas de apartamentos são bem altas e bonitas.
— Onde fica a praia de Copacabana?
— Fica a pouca distância do centro da cidade. Atualmente Copacabana faz parte do Rio. Vai-se em pouco tempo do centro a essa praia. Há muitas casas de pensão, hotéis e casas de residência ali. Um dos melhores hotéis do Rio está situado em Copacabana.
— Pretendo ir ao Rio quando acabar os meus estudos. Papai prometeu dar-me bastante dinheiro para passar dois ou três meses na capital brasileira.
— Tenho muito prazer em saber isso. Agora você precisa de estudar muito para aprender a falar bem português.

B. *To be translated into Portuguese.* 1. I must go today. 2. You should not do that. 3. Where is your bank? 4. Would you please tell me where the post office is? 5. Is this the boarding house where you live? 6. Do you belong to this class? 7. How many hotels are there here? 8. I do not like this theater. 9. He promised me to come today. 10. I want to read the history of Brazil. 11. The author is a resident of this city. 12. The post office is located on a very wide square. 13. The lesson was studied by all the students. 14. This letter was not written by me.

C. *To be answered in Portuguese.* 1. Quer fazer favor de me dizer onde fica o correio? 2. Mora numa casa de pensão? 3. Gostaria de viver num hotel? 4. Qual é a melhor praia que conhece? 5. Há muitos edifícios altos nesta cidade? 6. Quantos habitantes tem este país? 7. Este edifício é moderno ou antigo? 8. Que gostaria de fazer se tivesse um ano de férias? 9. Como se vai ao Brasil? 10. Faz atualmente muito frio? 11. Quem é o autor desta gramática? 12. Há muitas repartições do governo nesta cidade?

D. *To be filled in with the proper word or words in Portuguese.* 1. Gosto muito das (this author's works). 2. Não há (a good hotel) aqui. 3. (I went to the theater) a noite passada. 4. (He promised me to study.) 5. (He is outside of the room.) 6. (I left my hat inside.) 7. (My bank) é bem conhecido. 8. Este livro (was written) pelo meu irmão. 9. (This square) é a maior da cidade. 10. Não moro (in this neighborhood). 11. (He is not included.) 12. (The post office) é aqui.

E. *Ten-minute quiz; 5 per cent for each correct answer.*

1. a good neighborhood
2. many streets and squares
3. a government department
4. the history of the country
5. my residence
6. a pretty beach
7. a well-built house
8. he showed it to me
9. they promised to do it
10. a large woman
11. modern and ancient buildings
12. in our neighborhood
13. our boardinghouse
14. they do not belong to me
15. a good memory
16. a long list
17. a good expression
18. literally translated
19. anyone can go
20. a good hotel

LESSON XXXVI

NEGATIVE ADVERBS

Vocabulary

o braço arm
a cruz cross
a geografia geography
a ilha island
a informação (-ões) information
o nome name
o ocidente occident; west
o pau log; wood
a rota route
a terra earth, land
adotar to adopt
descobrir to discover

desviar to deviate
célebre famous, celebrated
europeu (*fem.* européia) European
exato exact
excelente excellent
principal principal
santo saint; holy
atrás behind; ago
debaixo de under
nem not; not even
nem . . . nem neither . . . nor
senão otherwise; nothing but

a respeito de regarding
mas sim but rather
que nem just like
um tanto a little, slightly

I. Negative Adverbs. In general the emphatic negative is expressed with a double negative as explained in Lesson XI.

(*a*) **Nunca** is sometimes used with **mais** for greater emphasis.

Nunca mais o veremos. *We shall never more see him again.*

(*b*) **Nem** is sometimes used instead of **não**, and also other times to mean "not even." In this latter case it is followed by **sequer**.

Nem todos são bons alunos. *Not all are good students.*
Nem sequer me deixou um dolar. *He did not leave me even one dollar.*

150

(*c*) **Nem . . . nem** used after the verb requires the use of the double negative. Sometimes the first **nem** is omitted.

Não tenho (nem) livros nem papel. *I have neither books nor paper.*
But:
Nem papel nem lápis me deram. *They did not give me either paper or pencil.*

(*d*) **Que nem** is used ordinarily to mean "just like."

Fala português que nem o professor. *He speaks Portuguese just like the teacher.*

(*e*) **Senão,** ordinarily used as a conjunction, must not be confused with **se não** (if not). It is used to mean "nothing but."

Não tenho senão livros ingleses. *I have nothing but English books.*
Se não chover irei visitar o Sr. *If it doesn't rain, I shall go to visit you.*

EXERCISES

A. *To be read and translated into English.*
— Que procura você, Roberto? Perdeu alguma cousa?
— Sim, senhor; perdi um livro.
— Que livro era?
— Era um livro sobre o Brasil, que estava lendo na escola hoje de manhã. Lembro-me que saí de classe levando-o, com outros, debaixo do braço. Talvez o tenha deixado na escola. É possível que tenha caído sem eu o sentir.
— Sinto que você tenha perdido esse livro. Mas espero que o encontre. Porque está você interessado em ler livros sobre o Brasil?
— Porque talvez vá passar algum tempo nesse país e quero aprender alguma cousa a respeito do povo brasileiro antes de partir.
— Então vou-lhe dar algumas informações sobre esse grande país. Você sabe que o Brasil é o maior país da América?
— Sei, sim, senhor. O professor de geografia disse-nos isso há poucas semanas atrás, quando estudávamos a América Latina.
— Você sabe quem descobriu o Brasil?
— Foi um português, não é verdade? Creio que se chamava Pedro Álvares Cabral.
— Exatamente. Foi no ano de 1500 quando Cabral ia para a Índia. Desviou-se ele um tanto da sua rota e achou terra ao oci-

dente. O nome dado por Cabral a essa terra não foi Brasil, mas sim Ilha de Santa Cruz, porque pensava que tinha descoberto uma grande ilha. Só mais tarde é que o nome Brasil se tornou conhecido e foi adotado.

— Porque mudaram o nome, professor?

— Porque o Brasil se tornou célebre pela excelente madeira que ali iam buscar os europeus, principalmente os franceses e que se chamava pau brasil.

— É interessante isso, professor. Estou cada vez mais interessado no Brasil.

— Espero que você encontre o livro que procura, Roberto.

B. *To be translated into Portuguese.* 1. Brazil is the largest country in America. 2. I saw today a famous European author. 3. He lost his arm. 4. His book has been generally adopted. 5. I am slightly tired today. 6. I am more and more interested in this country. 7. I like to study geography. 8. He had his books under his arm. 9. I cannot remember his name. 10. We live on an island. 11. I saw him two months ago. 12. He speaks Portuguese just like a foreigner. 13. Then bring it to me. 14. I shall never more come here. 15. Gold has never been discovered there.

C. *To be answered in Portuguese.* 1. Quem descobriu o Brasil? 2. Qual é o maior país da América? 3. Quando foi o Brasil descoberto? 4. Já esteve no Brasil? 5. O Brasil é uma ilha? 6. Cabral era francês? 7. Lembra-se de todas as palavras que estudou a semana passada? 8. Que língua se fala no Brasil? 9. Que livro de português é adotado nesta classe? 10. Prefere estudar geografia ou história? 11. Porque deram o nome Brasil à terra descoberta por Cabral? 12. Quem levava principalmente pau brasil para a Europa?

D. *To be filled in with the proper word or words in Portuguese.* 1. É difícil (to remember) todas as palavras estudadas. 2. Este homem (is famous). 3. Gosto de estudar (geography). 4. Gostaria de visitar (that land). 5. (What is the name of this island?) 6. Não sei porque (they changed its name). 7. Conheço-o (slightly). 8. (This is not the exact route.) 9. Viram terra (in the west). 10. Deu-me (good information). 11. É (an excellent book). 12. Não sei falar (neither French nor Portuguese). 13. (I have nothing but) bons livros.

E. *Ten-minute quiz; 5 per cent for each correct answer.*

1. I have no books
2. I was never there
3. they haven't even a dollar
4. it is neither good nor bad
5. regarding his brother
6. more and more interesting
7. he should always come
8. a good apartment house
9. the post office is very large
10. he is building a house
11. he promised not to forget any
12. they went away yesterday
13. two years ago
14. I always study in the morning
15. he forgets everything
16. she never forgets anything
17. let us go home now
18. in case it does not rain
19. I am sorry you cannot come
20. perhaps he will do it

VERBS

GENERAL REMARKS

1. The infinitive of all Portuguese verbs ends in **–r.** The termination of the verb is this **–r** plus the vowel that precedes it. Thus the first conjugation ends in **–ar,** the second conjugation in **–er,** and the third conjugation in **–ir.** The stem of the verb is that part which precedes the termination. (Lesson II)

2. All simple tenses of regular verbs, except the future and conditional indicative, are formed by adding the personal endings to the stem. In the future and conditional indicative the endings are added to the infinitive.

(*a*) Note that the pluperfect indicative, the imperfect subjunctive, and the future subjunctive are formed with the stem of the third person plural of the preterit indicative. Ordinarily the future subjunctive and the personal infinitive are identical.

(*b*) Although following the general rule, **dizer** (to say), **fazer** (to do; to make), and **trazer** (to bring) drop the **ze** syllable in the future and conditional indicative. (Lessons XX, XXXI, and XXXII)

3. The past participle is formed by adding **–ado** to the stem of the first conjugation verbs, and **–ido** to the stem of the verbs of the second and third conjugations. (Lesson XXVI)

4. The present participle (gerund) is formed by adding **–ando, –endo, –indo** to the stem of the first, second, and third conjugation verbs, respectively. (Lesson XXVI)

5. The imperative is formed as follows: the singular is identical with the third person singular of the present indicative; the plural is identical with the second person plural of the present indicative without the final **–s.** (Lesson XXXI)

6. The present subjunctive is formed with the stem of the first person singular of the present indicative. To this rule there are seven exceptions: **dar, estar, ser, ir, haver, saber,** and **querer.** (Lesson XXI)

7. Many verbs undergo a change of stress, pronunciation, or spelling of the stem in the present indicative, present subjunctive, and some other forms. Most verbs of the third conjugation with the stem vowels **e** or **o** change the **e** into **i** and the **o** into **u** in the first person of the present indicative and all the persons of the present subjunctive. Verbs of the third conjugation with radical **u** change that letter into **o** in the second and third singular and third plural of the present indicative. Two verbs in –**uir** — **construir** (to build) and **destruir** (to destroy) — also change the **u** into **o** in the second and third persons singular and third plural of the present indicative. (Lesson X)

8. It is sometimes necessary to change the spelling of the stem of certain verbal forms in order to preserve the original pronunciation of the infinitive. (Lesson XIV)

9. In verbs ending in –**ear,** the stem ordinarily takes an **i** after the **e** before adding the personal endings, whenever accented. This happens in the three singular persons and the third plural of the present indicative and in the present subjunctive, and in the singular person of the imperative. In certain verbs ending in –**iar,** the stem takes an **e** before the **i** in the three singular persons and the third plural of the present indicative and in the present subjunctive, and in the singular person of the imperative. The following are among these verbs: **diligenciar** (to effect), **incendiar** (to set fire to), **mediar** (to mediate), **obsequiar** (to flatter), **odiar** (to hate), **presenciar** (to be present to), **remediar** (to remedy). However, most verbs ending in –**iar** are conjugated regularly. (Lesson XXI)

10. Verbs in –**air,** such as **sair** (to go out) and **cair** (to fall), undergo changes of stress and pronunciation in certain forms. In certain forms **ai** is a diphthong and read as such. In others there is no diphthong, hence the need of the acute accent, to indicate that fact. (Lessons XXIV and XXX)

VERBS

REGULAR VERBS

andar (to walk)
aprender (to learn)
partir (to leave, to start)

INFINITIVE MOOD

Impersonal

and-ar	aprend-er	part-ir

Personal

and-ar	aprend-er	part-ir
and-ares	aprend-eres	part-ires
and-ar	aprend-er	part-ir
and-armos	aprend-ermos	part-irmos
and-ardes	aprend-erdes	part-irdes
and-arem	aprend-erem	part-irem

PARTICIPLES

Present (Gerund)

and-ando	aprend-endo	part-indo

Past

and-ado	aprend-ido	part-ido

INDICATIVE MOOD

Present

and-o	aprend-o	part-o
and-as	aprend-es	part-es
and-a	aprend-e	part-e
and-amos	aprend-emos	part-imos
and-ais	aprend-eis	part-is
and-am	aprend-em	part-em

Imperfect

and-ava	aprend-ia	part-ia
and-avas	aprend-ias	part-ias
and-ava	aprend-ia	part-ia
and-ávamos	aprend-íamos	part-íamos
and-áveis	aprend-íeis	part-íeis
and-avam	aprend-iam	part-iam

Preterit

and-ei	aprend-i	part-i
and-aste	aprend-este	part-iste
and-ou	aprend-eu	part-iu
and-ámos	aprend-emos	part imos
and-astes	aprend-estes	part-istes
and-aram	aprend-eram	part-iram

Pluperfect

and-ara	aprend-era	part-ir
and-aras	aprend-eras	part-ira
and-ara	aprend-era	part-ira
and-áramos	aprend-êramos	part-íramos
and-áreis	aprend-êreis	part-íreis
and-aram	aprend-eram	part-iram

Future

andar-ei	aprender-ei	partir-ei
andar-ás	aprender-ás	partir-ás
andar-á	aprender-á	partir-á
andar-emos	aprender-emos	partir-emos
andar-eis	aprender-eis	partir-eis
andar-ão	aprender-ão	partir-ão

Conditional

andar-ia	aprender-ia	partir-ia
andar-ias	aprender-ias	partir-ias
andar-ia	aprender-ia	partir-ia
andar-íamos	aprender-íamos	partir-íamos
andar-íeis	aprender-íeis	partir-íeis
andar-iam	aprender-iam	partir-iam

IMPERATIVE MOOD

and-a	aprend-e	part-e
and-ai	aprend-ei	part-i

SUBJUNCTIVE MOOD

Present

and-e	aprend-a	part-a
and-es	aprend-as	part-as
and-e	aprend-a	part-a
and-emos	aprend-amos	part-amo
and-eis	aprend-ais	part-ais
and-em	aprend-am	part-am

Imperfect

and-asse	aprend-esse	part-isse
and-asses	aprend-esses	part-isses
and-asse	aprend-esse	part-isse
and-ássemos	aprend-êssemos	part-íssemos
and-ásseis	aprend-êsseis	part-ísseis
and-assem	aprend-essem	part-issem

Future

andar	aprender	partir
andar-es	aprender-es	partir-es
andar	aprender	partir
andar-mos	aprender-mos	partir-mos
andar-des	aprender-des	partir-des
andar-em	aprender-em	partir-em

AUXILIARY VERBS

ser (to be)
estar (to be)
ter (to have)
haver (to have)

INFINITIVE MOOD

Impersonal

ser	estar	ter	haver

Personal

ser	estar	ter	haver
seres	estares	teres	haveres
ser	estar	ter	havcr
sermos	estarmos	termos	havermos
serdes	estardes	terdes	haverdes
serem	estarem	terem	haverem

PARTICIPLES

Present (Gerund)

sendo	estando	tendo	havendo

Past

sido	estado	tido	havido

INDICATIVE MOOD

Present

sou	estou	tenho	hei
és	estás	tens	hás
é	está	tem	há
somos	estamos	temos	havemos (hemos)
sois	estais	tendes	haveis (heis)
são	estão	têm	hão

Imperfect

era	estava	tinha	havia
eras	estavas	tinhas	havias
era	estava	tinha	havia
éramos	estávamos	tínhamos	havíamos
éreis	estáveis	tínheis	havíeis
eram	estavam	tinham	haviam

Preterit

fui	estive	tive	houve
foste	estiveste	tiveste	houveste
foi	esteve	teve	houve
fomos	estivemos	tivemos	houvemos
fostes	estivestes	tivestes	houvestes
foram	estiveram	tiveram	houveram

Pluperfect

fora	estivera	tivera	houvera
foras	estiveras	tiveras	houveras
fora	estivera	tivera	houvera
fôramos	estivéramos	tivéramos	houvéramos
fôreis	estivéreis	tivéreis	houvéreis
foram	estiveram	tiveram	houveram

Future

serei	estarei	terei	haverei
serás	estarás	terás	haverás
será	estará	terá	haverá
seremos	estaremos	teremos	haveremos
sereis	estareis	tereis	havereis
serão	estarão	terão	haverão

Conditional

seria	estaria	teria	haveria
serias	estarias	terias	haverias
seria	estaria	teria	haveria
seríamos	estaríamos	teríamos	haveríamos
seríeis	estaríeis	teríeis	haveríeis
seriam	estariam	teriam	haveriam

IMPERATIVE MOOD

sê	está	tem	há
sede	estai	tende	havei

SUBJUNCTIVE MOOD

Present

seja	esteja	tenha	haja
sejas	estejas	tenha	hajas
seja	esteja	tenha	haja
sejamos	estejamos	tenhamos	hajamos
sejais	estejais	tenhais	hajais
sejam	estejam	tenham	hajam

Imperfect

fosse	estivesse	tivesse	houvesse
fosses	estivesses	tivesses	houvesses
fosse	estivesse	tivesse	houvesse
fôssemos	estivéssemos	tivéssemos	houvéssemos
fôsseis	estivésseis	tivésseis	houvésseis
fossem	estivessem	tivessem	houvessem

Future

for	estiver	tiver	houver
fores	estiveres	tiveres	houveres
for	estiver	tiver	houver
formos	estivermos	tivermos	houvermos
fordes	estiverdes	tiverdes	houverdes
forem	estiverem	tiverem	houverem

SOME IRREGULAR VERBS

Construir (to construct)

Pers. Inf. construir, construíres, construir, construírmos, construírdes, construírem

Pres. Part. construindo

Past Part. construído

Pres. Ind. construo, constróis, constrói, construímos, construís, constróem

Imp. Ind.	construía, construías, construía, construíamos, construíeis, construíam
Pret. Ind.	construíu, construíste, construíu, construímos, construístes, construíram
Plup. Ind.	construíra, construíras, construíra, construíramos, construíreis, construíram
Fut. Ind.	construirei, construirás, construirá, construiremos, construireis, construirão
Cond. Ind.	construiria, construirias, construiria, construiríamos, construiríeis, construiriam
Imperat.	constrói, construí
Pres. Subj.	construa, construas, construa, construamos, construais, construam
Imp. Subj.	construísse, construísses, construísse, construíssemos, construísseis, construíssem
Fut. Subj.	construir, construíres, construir, construírmos, construírdes, construírem

Crer (to believe)

Pers. Inf.	crer, creres, crer, crermos, crerdes, crerem
Pres. Part.	crendo
Past Part.	crido
Pres. Ind.	creio, crês, crê, cremos, credes, crêem
Imp. Ind.	cria, crias, cria, críamos, críeis, criam
Pret. Ind.	cri, creste, creu, cremos, crestes, creram
Plup. Ind.	crera, creras, crera, crêramos, crêreis, creram
Fut. Ind.	crerei, crerás, crerá, creremos, crereis, crerão
Cond. Ind.	creria, crerias, creria, creríamos, creríeis, creriam
Imperat.	crê, crede
Pres. Subj.	creia, creias, creia, creamos, creais, creiam
Imp. Subj.	cresse, cresses, cresse, crêssemos, crêsseis, cressem
Fut. Subj.	crer, creres, crer, crermos, crerdes, crerem

Dar (to give)

Pers. Inf.	dar, dares, dar, darmos, dardes, darem
Pres. Part.	dando
Past Part.	dado
Pres. Ind.	dou, dás, dá, damos, dais, dão
Imp. Ind.	dava, davas, dava, dávamos, dáveis, davam
Pret. Ind.	dei, deste, deu, demos, destes, deram
Plup. Ind.	dera, deras, dera, déramos, déreis, deram

Fut. Ind.	darei, darás, dará, daremos, dareis, darão
Cond. Ind.	daria, darias, daria, daríamos, daríeis, dariam
Imperat.	dá, dai
Pres. Subj.	dê, dês, dê, dêmos, deis, dêem
Imp. Subj.	desse, desses, desse, déssemos, désseis, dessem
Fut. Subj.	der, deres, der, dermos, derdes, derem

Dizer (to say)

Pers. Inf.	dizer, dizeres, dizer, dizermos, dizerdes, dizerem
Pres. Part.	dizendo
Past Part.	dito
Pres. Ind.	digo, dizes, diz, dizemos, dizeis, dizem
Imp. Ind.	dizia, dizias, dizia, dizíamos, dizíeis, diziam
Pret. Ind.	disse, disseste, disse, dissemos, dissestes, disseram
Plup. Ind.	dissera, disseras, dissera, disséramos, disséreis, disseram
Fut. Ind.	direi, dirás, dirá, diremos, direis, dirão
Cond. Ind.	diria, dirias, diria, diríamos, diríeis, diriam
Imperat.	dize, dizei
Pres. Subj.	diga, digas, diga, digamos, digais, digam
Imp. Subj.	dissesse, dissesses, dissesse, disséssemos, dissésseis, dissessem
Fut. Subj.	disser, disseres, disser, dissermos, disserdes, disserem

Fazer (to do, to make)

Pers. Inf.	fazer, fazeres, fazer, fazermos, fazerdes, fazerem
Pres. Part.	fazendo
Past Part.	feito
Pres. Ind.	faço, fazes, faz, fazemos, fazeis, fazem
Imp. Ind.	fazia, fazias, fazia, fazíamos, fazíeis, faziam
Pret. Ind.	fiz, fizeste, fez, fizemos, fizeste, fizeram
Plup. Ind.	fizera, fizeras, fizera, fizéramos, fizéreis, fizeram
Fut. Ind.	farei, farás, fará, faremos, fareis, farão
Cond. Ind.	faria, farias, faria, faríamos, faríeis, fariam
Imperat.	faze, fazei
Pres. Subj.	faça, faças, faça, façamos, façais, façam
Imp. Subj.	fizesse, fizesses, fizesse, fizéssemos, fizésseis, fizessem
Fut. Subj.	fizer, fizeres, fizer, fizermos, fizerdes, fizerem

Ir (to go)

Pers. Inf.	ir, ires, ir, irmos, irdes, irem
Pres. Part.	indo

Past Part.	ido
Pres. Ind.	vou, vais, vai, vamos, ides, vão
Imp. Ind.	ia, ias, ia, íamos, íeis, iam
Pret. Ind.	fui, foste, foi, fomos, fostes, foram
Plup. Ind.	fora, foras, fora, fôramos, fôreis, foram
Fut. Ind.	irei, irás, irá, iremos, ireis, irão
Cond. Ind.	iria, irias, iria, iríamos, iríeis, iriam
Imperat.	vai, ide
Pres. Subj.	vá, vás, vá, vamos, vades, vão
Imp. Subj.	fosse, fosses, fosse, fôssemos, fôsseis, fossem
Fut. Subj.	for, fores, for, formos, fordes, forem

Ler (to read)

Pers. Inf.	ler, leres, ler, lermos, lerdes, lerem
Pres. Part.	lendo
Past Part.	lido
Pres. Ind.	leio, lês, lê, lemos, ledes, lêem
Imp. Ind.	lia, lias, lia, líamos, líeis, liam
Pret. Ind.	li, leste, leu, lemos, lestes, leram
Plup. Ind.	lera, leras, lera, lêramos, lêreis, leram
Fut. Ind.	lerei, lerás, lerá, leremos, lereis, lerão
Cond. Ind.	leria, lerias, leria, leríamos, leríeis, leriam
Imperat.	lê, lede
Pres. Subj.	leia, leias, leia, leamos, leais, leiam
Imp. Subj.	lesse, lesses, lesse, lêssemos, lêsseis, lessem
Fut. Subj.	ler, leres, ler, lermos, lerdes, lerem

Medir (to measure)

Pers. Inf.	medir, medires, medir, medirmos, medirdes, medirem
Pres. Part.	medindo
Past Part.	medido
Pres. Ind.	meço, medes, mede, medimos, medis, medem
Imp. Ind.	media, medias, media, medíamos, medíeis, mediam
Pret. Ind.	medi, mediste, mediu, medimos, medistes, mediram
Plup. Ind.	medira, mediras, medira, medíramos, medíreis, mediram
Fut. Ind.	medirei, medirás, medirá, mediremos, medireis, medirão
Cond. Ind.	mediria, medirias, mediria, mediríamos, mediríeis, mediriam

Imperat.	mede, medi
Pres. Subj.	meça, meças, meça, meçamos, meçais, meçam
Imp. Subj.	medisse, medisses, medisse, medíssemos, medísseis, medissem
Fut. Subj.	medir, medires, medir, medirmos, medirdes, medirem

Ouvir (to hear)

Pers. Inf.	ouvir, ouvires, ouvir, ouvirmos, ouvirdes, ouvirem
Pres. Part.	ouvindo
Past Part.	ouvido
Pres. Ind.	ouço, ouves, ouve, ouvimos, ouvis, ouvem
Imp. Ind.	ouvia, ouvias, ouvia, ouvíamos, ouvíeis, ouviam
Pret. Ind.	ouvi, ouviste, ouviu, ouvimos, ouvistes, ouviram
Plup. Ind.	ouvira, ouviras, ouvira, ouvíramos, ouvíreis, ouviram
Fut. Ind.	ouvirei, ouvirás, ouvirá, ouviremos, ouvireis, ouvirão
Cond. Ind.	ouviria, ouvirias, ouviria, ouviríamos, ouviríeis, ouviriam
Imperat.	ouve, ouvi
Pres. Subj.	ouça, ouças, ouça, ouçamos, ouçais, ouçam
Imp. Subj.	ouvisse, ouvisses, ouvisse, ouvíssemos, ouvísseis, ouvíssem
Fut. Subj.	ouvir, ouvires, ouvir, ouvirmos, ouvirdes, ouvirem

Pedir (to ask)

Pers. Inf.	pedir, pedires, pedir, pedirmos, pedirdes, pedirem
Pres. Part.	pedindo
Past Part.	pedido
Pres. Ind.	peço, pedes, pede, pedimos, pedis, pedem
Imp. Ind.	pedia, pedias, pedia, pedíamos, pedíeis, pediam
Pret. Ind.	pedi, pediste, pediu, pedimos, pedistes, pediram
Plup. Ind.	pedira, pediras, pedira, pedíramos, pedíreis, pediram
Fut. Ind.	pedirei, pedirás, pedirá, pediremos, pedireis, pedirão
Cond. Ind.	pediria, pedirias, pediria, pediríamos, pediríeis, pediriam
Imperat.	pede, pedi
Pres. Subj.	peça, peças, peça, peçamos, peçais, peçam
Imp. Subj.	pedisse, pedisses, pedisse, pedíssemos, pedísseis, pedissem
Fut. Subj.	pedir, pedires, pedir, pedirmos, pedirdes, pedirem

Perder (to lose)

Pers. Inf.	perder, perderes, perder, perdermos, perderes, perderem
Pres. Part.	perdendo
Past Part.	perdido
Pres. Ind.	perco, perdes, perde, perdemos, perdeis, perdem
Imp. Ind.	perdia, perdias, perdia, perdíamos, perdíeis, perdiam
Pret. Ind.	perdi, perdeste, perdeu, perdemos, perdeste, perderam
Plup. Ind.	perdera, perderas, perdera, perdêramos, perdêreis, perderam
Fut. Ind.	perderei, perderás, perderá, perderemos, perdereis, perderão
Cond. Ind.	perderia, perderias, perderia, perderíamos, perderíeis, perderiam
Imperat.	perde, perdei
Pres. Subj.	perca, percas, perca, percamos, percais, percam
Imp. Subj.	perdesse, perdesses, perdesse, perdêssemos, perdêsseis, perdessem
Fut. Subj.	perder, perderes, perder, perdermos, perderes, perderem

Poder (to be able)

Pers. Inf.	poder, poderes, poder, podermos, poderdes, poderem
Pres. Part.	podendo
Past Part.	podido
Pres. Ind.	posso, podes, pode, podemos, podeis, podem
Imp. Ind.	podia, podias, podia, podíamos, podíeis, podiam
Pret. Ind.	pude, pudeste, pôde, pudemos, pudestes, puderam
Plup. Ind.	pudera, puderas, pudera, pudéramos, pudéreis, puderam
Fut. Ind.	poderei, poderás, poderá, poderemos, podereis, poderão
Cond. Ind.	poderia, poderias, poderia, poderíamos, poderíeis, poderiam
Imperat.	pode, podei
Pres. Subj.	possa, possas, possa, possamos, possais, possam
Imp. Subj.	pudesse, pudesses, pudesse, pudéssemos, pudésseis, pudessem
Fut. Subj.	puder, puderes, puder, puderemos, puderdes, puderem

Pôr (to put)

Pers. Inf.	pôr, pores, pôr, pormos, pordes, porem
Pres. Part.	pondo
Past Part.	posto
Pres. Ind.	ponho, pões, põe, pomos, pondes, põem
Imp. Ind.	punha, punhas, punha, púnhamos, púnheis, punham
Pret. Ind.	pus, puseste, pôs, pusemos, pusestes, puseram
Plup. Ind.	pusera, puseras, pusera, puséramos, puséreis, puseram
Fut. Ind.	porei, porás, porá, poremos, poreis, porão
Cond. Ind.	poria, porias, poria, poríamos, poríeis, poriam
Imperat.	põe, ponde
Pres. Subj.	ponha, ponhas, ponha, ponhamos, ponhais, ponham
Imp. Subj.	pusesse, pusesses, pusesse, puséssemos, pusésseis, pusessem
Fut. Subj.	puser, puseres, puser, pusermos, puserdes, puserem

Querer (to want)

Pers. Inf.	querer, quereres, querer, querermos, quererdes, quererem
Pres. Part.	querendo
Past Part.	querido
Pres. Ind.	quero, queres, quer, queremos, quereis, querem
Imp. Ind.	queria, querias, queria, queríamos, queríeis, queriam
Pret. Ind.	quis, quiseste, quis, quisemos, quisestes, quiseram
Plup. Ind.	quisera, quiseras, quisera, quiséramos, quiséreis, quiseram
Fut. Ind.	quererei, quererás, quererá, quereremos, querereis, quererão
Cond. Ind.	quereria, quererias, quereria, quereríamos, quereríeis, quereriam
Imperat.	quer, querei
Pres. Subj.	queira, queiras, queira, queiramos, queirais, queiram
Imp. Subj.	quisesse, quisesses, quisesse, quiséssemos, quisésseis, quisessem
Fut. Subj.	quiser, quiseres, quiser, quisermos, quiserdes, quiserem

Recear (to fear)

Pers. Inf.	recear, receares, recear, recearmos, receardes, recearem
Pres. Part.	receando

Past Part.	receado
Pres. Ind.	receio, receias, receia, receamos, receais, receiam
Imp. Ind.	receava, receavas, receava, receávamos, receáveis, receavam
Pret. Ind.	receei, receaste, receou, receámos, receastes, recearam
Plup. Ind.	receara, recearas, receara, receáramos, receáreis, recearam
Fut. Ind.	recearei, recearás, receará, recearemos, receareis, recearão
Cond. Ind.	recearia, recearias, recearia, recearíamos, recearíeis, receariam
Imperat.	receia, receai
Pres. Subj.	receie, receies, receie, receemos, receeis, receiem
Imp. Subj.	receasse, receasses, receasse, receássemos, receásseis, receassem
Fut. Subj.	recear, receares, recear, recearmos, receardes, recearem

Rir (to laugh)

Pers. Inf.	rir, rires, rir, rirmos, rirdes, rirem
Pres. Part.	rindo
Past Part.	rido
Pres. Ind.	rio, ris, ri, rimos, rides, riem
Imp. Ind.	ria, rias, ria, ríamos, ríeis, riam
Pret. Ind.	ri, riste, riu, rimos, ristes, riram
Plup. Ind.	rira, riras, rira, ríramos, ríreis, riram
Fut. Ind.	rirei, rirás, rirá, riremos, rireis, rirão
Cond. Ind.	riria, ririas, riria, riríamos, riríeis, ririam
Imperat.	ri, ride
Pres. Subj.	ria, rias, ria, riamos, riais, riam
Imp. Subj.	risse, risses, risse, ríssemos, rísseis, rissem
Fut. Subj.	rir, rires, rir, rirmos, rirdes, rirem

Saber (to know)

Pers. Inf.	saber, saberes, saber, sabermos, saberdes, saberem
Pres. Part.	sabendo
Past Part.	sabido
Pres. Ind.	sei, sabes, sabe, sabemos, sabeis, sabem
Imp. Ind.	sabia, sabias, sabia, sabíamos, sabíeis, sabiam
Pret. Ind.	soube, soubeste, soube, soubemos, soubestes, souberam

Plup. Ind.	soubera, souberas, soubera, soubéramos, soubéreis, souberam
Fut. Ind.	saberei, saberás, saberá, saberemos, sabereis, saberão
Cond. Ind.	saberia, saberias, saberia, saberíamos, saberíeis, saberiam
Imperat.	sabe, sabei
Pres. Subj.	saiba, saibas, saiba, saibamos, saibais, saibam
Imp. Subj.	soubesse, soubesses, soubesse, soubéssemos, soubésseis, soubessem
Fut. Subj.	souber, souberes, souber, soubermos, souberdes, souberem

Sair (to go out)

Pers. Inf.	sair, saíres, sair, saírmos, saírdes, saírem
Pres. Part.	saíndo
Past Part.	saído
Pres. Ind.	saio, sais, sai, saímos, saís, saem
Imp. Ind.	saía, saías, saía, saíamos, saíeis, saíam
Pret. Ind.	saí, saíste, saíu, saímos, saístes, saíram
Plup. Ind.	saíra, saíras, saíra, saíramos, saíreis, saíram
Fut. Ind.	sairei, sairás, sairá, sairemos, saireis, sairão
Cond. Ind.	sairia, sairias, sairia, sairíamos, sairíeis, sairiam
Imperat.	sai, saí
Pres. Subj.	saia, saias, saia, saiamos, saiais, saiam
Imp. Subj.	saísse, saísscs, saísse, saíssemos, saísseis, saíssem
Fut. Subj.	sair, saíres, sair, saírmos, saírdes, saírem

Subir (to go up, to come up)

Pers. Inf.	subir, subires, subir, subirmos, subirdes, subirem
Pres. Part.	subindo
Past Part.	subido
Pres. Ind.	subo, sobes, sobe, subimos, subis, sobem
Imp. Ind.	subia, subias, subia, subíamos, subíeis, subiam
Pret. Ind.	subi, subiste, subiu, subimos, subistes, subiram
Plup. Ind.	subira, subiras, subira, subíramos, subíreis, subiram
Fut. Ind.	subirei, subirás, subirá, subiremos, subireis, subirão
Cond. Ind.	subiria, subirias, subiria, subiríamos, subiríeis, subiriam
Imperat.	sobe, subi
Pres. Subj.	suba, subas, suba, subamos, subais, subam

Imp. Subj. subisse, subisses, subisse, subíssemos, subísseis, subissem
Fut. Subj. subir, subires, subir, subirmos, subirdes, subirem

Trazer (to bring)

Pers. Inf. trazer, trazeres, trazer, trazermos, trazerdes, trazerem
Pres. Part. trazendo
Past Part. trazido
Pres. Ind. trago, trazes, traz, trazemos, trazeis, trazem
Imp. Ind. trazia, trazias, trazia, trazíamos, trazíeis, traziam
Pret. Ind. trouxe, trouxeste, trouxe, trouxemos, trouxestes, trouxeram
Plup. Ind. trouxera, trouxeras, trouxera, trouxéramos, trouxéreis, trouxeram
Fut. Ind. trarei, trarás, trará, traremos, trareis, trarão
Cond. Ind. traria, trarias, traria, traríamos, traríeis, trariam
Imperat. traze, trazei
Pres. Subj. traga, tragas, traga, tragamos, tragais, tragam
Imp. Subj. trouxesse, trouxesses, trouxesse, trouxéssemos, trouxésseis, trouxessem
Fut. Subj. trouxer, trouxeres, trouxer, trouxermos, trouxerdes. trouxerem

Valer (to be worth)

Pers. Inf. valer, valeres, valer, valermos, valerdes, valerem
Pres. Part. valendo
Past Part. valido
Pres. Ind. valho, vales, vale, valemos, valeis, valem
Imp. Ind. valia, valias, valia, valíamos, valíeis, valiam
Pret. Ind. vali, valeste, valeu, valemos, valestes, valeram
Plup. Ind. valera, valeras, valera, valêramos, valêreis, valeram
Fut. Ind. valerei, valerás, valerá, valeremos, valereis, valerão
Cond. Ind. valeria, valerias, valeria, valeríamos, valeríeis, valeriam
Imperat. vale, valei
Pres. Subj. valha, valhas, valha, valhamos, valhais, valham
Imp. Subj. valesse, valesses, valesse, valêssemos, valêsseis, valessem
Fut. Subj. valer, valeres, valer, valermos, valerdes, valerem

Ver (to see)

Pers. Inf.	ver, veres, ver, vermos, verdes, verem
Pres. Part.	vendo
Past Part.	visto
Pres. Ind.	vejo, vês, vê, vemos, vedes, vêem
Imp. Ind.	via, vias, via, víamos, víeis, viam
Pret. Ind.	vi, viste, viu, vimos, vistes, viram
Plup. Ind.	vira, viras, víra, víramos, víreis, viram
Fut. Ind.	verei, verás, verá, veremos, vereis, verão
Cond. Ind.	veria, verias, veria, veríamos, veríeis, veriam
Imperat.	vê, vede
Pres. Subj.	veja, vejas, veja, vejamos, vejais, vejam
Imp. Subj.	visse, visses, visse, víssemos, vísseis, vissem
Fut. Subj.	vir, vires, vir, virmos, virdes, virem

Vir (to come)

Pers. Inf.	vir, vires, vir, virmos, virdes, virem
Pres. Part.	vindo
Past Part.	vindo
Pres. Ind.	venho, vens, vem, vimos, vindes, vêm
Imp. Ind.	vinha, vinhas, vinha, vínhamos, vínheis, vinham
Pret. Ind.	vim, vieste, veio, viemos, viestes, vieram
Plup. Ind.	viera, vieras, viera, viéramos, viéreis, vieram
Fut. Ind.	virei, virás, virá, viremos, vireis, virão
Cond. Ind.	viria, virias, viria, viríamos, viríeis, viriam
Imperat.	vem, vinde
Pres. Subj.	venha, venhas, venha, venhamos, venhais, venham
Imp. Subj.	viesse, viesses, viesse, viéssemos, viésseis, viessem
Fut. Subj.	vier, vieres, vier, viermos, vierdes, vierem

VOCABULARY

PORTUGUESE–ENGLISH

a (ah) *prep.:* at, to; *def. art. fem.:* the; *pers. pron. direct object, fem.:* her, it
  ao (ah'oo), **à** (ah), **aos** (ah'oos), **às** (ahs) to the
  a cavalo (ah kah-vah'-loo) on horseback
  a maior parte de (ah mah-ee-ohr' pahr'-te de) most of
  a menos que (ah men[g]'-noos ke) unless
  a não ser que (ah nun[g]'oo sa[y]r ke) unless
  a pé (ah peh) on foot
  a respeito de (ah ra[y]s-pay'-too de) regarding
  à volta (ah vohll'-ta) on the return trip; around
  à vontade (ah von[g]-tah'-de) at ease; at will
abril (ah-bree'll) April
abrir (ah-bree'r) to open
acabar (ah-kah-bahr') to finish
  acabar de (ah-kah-bahr' de) to have just
achar (ah-shar') to find
  achar-se (ah-shar'-se) to be found; to be located
acontecer (ah-kon[g]-ta[y]-sa[y]r') to happen
acordar (ah-kor-dahr') to awaken
acrescentar (ah-kra[y]-sen[g]-tahr') to add
adeus (ah-da[y]'oos) good-bye
admirar (ad-dmee-rahr') to admire
adotar (ah-doh-tahr') to adopt
advogado (ah-dvo-gah'-doo) *m.* lawyer
agora (ah-goh'-ra) now
agosto (ah-gos'-too) August
agradável (ah-grah-dah'-vehll) pleasant, agreeable
agradecer (ag-grah-[day]-sa[y]r') to thank

água (ah'-goo-a) *f.* water
  água corrente (ah'-goo-a ko-ren[g]-'te) running water
aí (ah-ee') there (*near you*)
ainda (ah-een[g]'-da) yet
  ainda não (ah-een[g]'-da nun[g]'oo) not yet
  ainda que (ah-een[g]'-da ke) although
ajudar (ah-joo-dahr') to help, to aid
alegrar-se (ah-la[y]-grahr'-se) to be glad
alegre (ah-leh'-gre) merry, gay
além de (ah-layn[g]' de) besides
alfaiataria (ahl-fah'ee-ah-tah-ree''a) *f.* tailor shop
alfaiate (ahl-fah'ee-ah''-te) *m.* tailor
alguém (ahl-ghayn[g]') · someone; anyone
algum (ahl-goon[g]'), **alguma** (ahl-goon[g]'-ma), **alguns** (ahl-goon[g]s'), **algumas** (ahl-goon[g]'-mas) some; any
  alguma cousa (ahl-goon[g]'-ma ko'-za) something
ali (ah-lee') over there, yonder
almoçar (ahl-mo'-sahr') to lunch
almoço (ahl-mo'-soo) *m.* lunch
  primeiro almoço (pree-may'roo ahl-mo'-soo) *m.* breakfast
alto (ahl'-too) high; tall
aluno (ah-loon[g]'-noo) *m.* boy pupil; **aluna** (ah-loon[g]'-na) *f.* girl pupil
amanhã (ah-mun[g]-ny-un[g]') tomorrow
  amanhã de manhã (ah-mun[g]-ny-un[g]' de mun[g]-ny-un[g]') tomorrow morning
  depois de amanhã (da[y]-po'ees de ah-mun[g]-ny-un[g]') day after tomorrow
amar (ah-mahr') to love
amarelo (ah-mah-reh'-loo) yellow

amável (ah-mah'-vehll) amiable; courteous

ambos (un[g]'-boos) both

América (ah-meh'-ree-ka) *f.* America

América Central (ah-meh'-ree-ka sen[g]-trahll') Central America

América Latina (ah-meh'-ree-ka lah-teen[g]'-na) Latin America

América do Norte (ah-meh'-ree-ka doo nohr'-te) North America

América do Sul (ah-meh'ree-ka doo soo'll) South America

americano (ah-ma[y]-ree-kun[g]'-noo) American

amigo (ah-mee'-goo) *m.* friend

andar (un[g]-dahr') *v.* to walk; *m.* story, floor

andar de cima (un[g]-dahr' de seen[g]'-ma) *m.* upper floor

andar térreo (un[g]-dahr' teh'-ree-oo) *m.* ground floor

anel (ah-nehll') *m.* ring

animal (ah-neen[g]-mahll') *m.* animal

ano (un[g]'-noo) *m.* year

ano passado (un[g]'noo pah-sah'-doo) last year

ano que vem (un[g]'noo ke va[y]n[g]) next year

quantos anos tem? (koo-un[g]'toos un[g]'-noos tayn[g]) how old are you? (is he, she, it?)

anteontem (un[g]'-te-on[g]''-tayn[g]) day before yesterday

anterior (un[g]-ta[y]-ree-or') previous

antes (un[g]'-tes) before

antes de (un[g]'-tes de) before

antes que (un[g]'-tes ke) before

antigo (un[g]-tee'-goo) ancient, old

anúncio (un[g]-noon[g]'-see-oo) *m.* advertisement; announcement

ao (ah'oo), **aos** (ah'-oos) to the (*masculine*)

ao todo (ah'oo to'-doo) on the whole, as a whole

aonde (ah-on[g]'-de) to where

aparecer (ah-pah-ra[y]-sa[y]r') to appear

apartamento (ah-pahr-tah-men[g]'-too) *m.* apartment

casa de apartamentos (kah'-za de ah-pahr-tah-men[g]'-toos) *f.* apartment house

apenas (ah-pa[y]'-nas) scarcely; only

aplicado (ah-plee-kah'-doo) diligent

aprender (ah-pren[g]-da[y]r') to learn

aproveitar (ah-pro-vay-tahr') to take advantage; to profit

aquele (ah-ka[y]'-le), **aquela** (ah-keh'-la), **aqueles** (ah-ka[y]'-les), **aquelas** (ah-keh'-las) that yonder; those yonder

aqui (ah-kee') here

daqui até a (dah-kee' ah-teh'ah) from here to; as far as

aquilo (ah-kee'-loo) that yonder

árvore (ahr'-vo-re) *f.* tree

as (ahs) *fem. plural* the; **às** (ahs) *fem. plural* to the

às vezes (ahs va[y]'-zees) sometimes; once in a while

assistir a (ah-sees-tee'rah) to be present at; to attend

assoalho (ah-soah'-ll[i]oo) *m.* floor

até (ah-teh') until, as far as

até logo (ah-teh' loh'-goo) so long!

até onde? (ah-teh' on[g]'-de) how far?

atenção (ah-ten[g]-sun[g]'oo) *f.* attention

prestar atenção (pra[y]s-tah'-rah-ten[g]-sun[g]'oo) to pay attention

atrás (ah-trahs') behind; ago

atual (ah-too-ahll') present

atualmente (ah-too-ahll'-men[g]''-te) at present

aula (ah'oo-la) *f.* class; classroom, period

aumentar (ah'oo-men[g]-tahr'') to increase

automóvel (ah'oo-to-moh''-vehll) *m.* automobile; **auto** (ah'oo-too) *m.* auto

de auto (de ah'oo-too) by auto

ave (ah'-ve) *f.* bird

avião (ah-vee-un[g]'oo) *m.* airplane

azul (ah-zoo'll) blue

baía (bah-ee'a) *f.* bay

bairro (bah'ee-roo) *m.* neighborhood

baixo (bah'ee-shoo) low

banana (bah-nun[g]'-na) *f.* banana

banco (bun[g]'-koo) *m.* bank

banheiro *m.* bah-n[y]-ay'-roo bathroom

barato (bah-rah'-too) cheap

barbear (bahr-be-ahr') to shave
  barbear-se (bahr-be-ahr'-se) to shave oneself
barbearia (bahr-be-ah-ree'a) *f.* barbershop
barbeiro (bahr-bay'-roo) *m.* barber
bastante (bahs-tun[g]'-te) enough
beber (ba[y]-ba[y]r') to drink
beleza (ba[y]-la[y]'-za) beauty
belo (beh'-loo) beautiful
bem (bayn[g]) well
bom (bon[g]), boa (bo'a) good
  bom dia (bon[g] dee'a) good morning
  boa noite (bo'a no'ee-te) good evening; good night
  boa tarde (bo-a tahr'-de) good afternoon
  que bom! (ke bon[g]) how glad I am that! fine! what a good thing!
bondade (bon[g]-dah'-de) *f.* kindness
bonde (bon[g]'-de) *m.* streetcar
bonito (bo-nee'-too) pretty
braço (brah'-soo) *m.* arm
branco (brun[g]'-koo) white
Brasil (brah-zee'll) *m.* Brazil
brasileiro (brah-zee-lay'-roo) Brazilian
brevemente (breh-ve-men[g]'-te) soon
buscar (boos-kahr') to look for, to seek; to get. *Pret. indic.:* busquei *pres. subj.:* busque
  ir buscar (ee'r boos-kahr') to go and get

cabeça (kah-ba[y]'-sa) *f.* head
cada (kah'-da) each
  cada um (kah'-da oon[g]) each one, every one
  cada vez (kah'-da va[y]s) each time, every time
  cada vez mais (kah'-da va[y]s mah'ees) more and more
cadeira (kah-da[y]'-ra) *f.* chair
caderno (kah-dehr'-noo) *m.* notebook
café (kah-feh') *m.* coffee; café; breakfast
cair (kah-eer') to fall
calor (kah-lor') *m.* warmth, heat
  fazer calor (fah-za[y]r' kah-lor') to be hot (*weather*)

estar com calor (a[y]s-tahr' kon[g] kah-lor') to be hot (*a person, an animal*)
camisa (kah-mee'-za) *f.* shirt
camisaria (kah-mee-za-ree'a) *f.* shirt store
cansado (kun[g]-sah'-doo) tired
cansar-se (kun[g]-sahr'-se) to get tired
cantar (kun[g]-tahr') to sing
capital (kah-pee-tahll') *f.* capital
cardápio (kahr-dah'-pee-oo) *m.* menu, bill of fare
carioca (kah-ree-oh'-ka) *m.* *person born in the city of Rio de Janeiro, Brazil*
carne (kahr'-ne) *f.* meat
carneiro (kahr nay' roo) *m.* sheep
caro (kah'-roo) dear; expensive
carta (kahr'ta) *f.* letter
casa (kah'-za) *f.* house
  casa de apartamentos (kah'-za de ah-pahr-tah-men[g]'-toos) *f.* apartment house
  casa de pensão (kah'-za de pen[g]-sun[g]'oo) *f.* boardinghouse
  em casa (en[g] kah'-za) at home
caso (kah'-zoo) *m.* case; in case, if
  no caso de (noo kah'-zoo de) in case
castanho (kahs-tun[g]'n[y]-oo) brown
cavalo (kah-vah'-loo) *m.* horse
  a cavalo (ah kah-vah'-loo) on horseback
cedo (sa[y]'-doo) early, soon
célebre (seh'-le-bre) famous
centro (sen[g]'-troo) *m.* center, middle; downtown
cerca de (sa[y]r'-ka de) near; about, approximately
cercar (sa[y]r-kahr') to surround
certeza (sa[y]r-ta[y]'-za) *f.* certainty
  com certeza (kon[g] sa[y]r-ta[y]'-za) certainly
  ter a certeza (ta[y]r a sa[y]r-ta[y]'-za) to be sure
chamar (shah-mahr') to call
  chamar-se (shah-mahr'-se) to be called, to be named
chapelaria (shah-pa[y]-lah-ree'a) *f.* hat store
chapéu (shah-peh'oo) *m.* hat
chegar (sha[y]-gahr') to arrive
chícara (shee'-kah-ra) *f.* cup

chover (sho-va[y]r′) to rain
chuva (shoo′-va) *f.* rain
cidade (see-dah′-de) *f.* city
cigarro (see-gah′-roo) *m.* cigarette
cima (seen[g]′-ma) *f.* top
  andar de cima (un[g]-dahr′ de seen[g]′-ma) *m.* upper floor
cinema (see-nen[g]′-ma) *m.* movies; moving-picture theater
classe (klah′-se) *f.* class, group
cobrir (ko-breer′) to cover
com (kon[g]) with
  com muito gosto (kon[g] moo′-een[g]-too gos′-too) with great pleasure
  com certeza (kon[g] sa[y]r-ta[y]′-za) most certainly
começar (kon[g]-ma[y]-sahr′) to begin
comer (kon[g]-ma[y]r′) to eat
comigo (kon[g]-mee′-go) with me
comida (kon[g]-mee′-da) *f.* food
como (kon[g]′-moo) how; as; like; since; how to
  como está? (kon[g]′-moo ees-tah′) how are you?
  como vai? (kon[g]′-mo vah′ee) how are you getting along?
compra (kon[g]′-pra) *f.* purchase
  fazer compras (fah-za[y]r′ con[g]′-prahs) to shop, to go shopping
comprar (kon[g]-prahr′) to buy
compreender (kon[g]-pree-en[g]-da[y]r′) to understand, to comprehend
confortável (kon[g]-for-tah′-vehll) comfortable
conhecer (kon[g]-n[y]-a[y]-sa[y]r′) to know (*to be acquainted with*)
conosco (kon[g]-nos′-koo) with us
consigo (kon[g]-see′-goo) with himself, herself, themselves
constantemente (kon[g]s-tun[g]-te-men[g]′-te) constantly
construir (kon[g]s-troo-eer′) to build; to construct
conta (kon[g]′-ta) *f.* bill, account; count
contar (kon[g]-tahr′) to count; to relate
contente (kon[g]-ten[g]′-te) glad; satisfied
contigo (kon[g]-tee′-goo) with thee, you

contudo (kon[g]-too′-doo) nevertheless
conversar (kon[g]-va[y]r′-sahr) to talk
convosco (kon[g]-vos′-koo) with you
copo (koh′-poo) *m.* glass
cor (kor) *f.* color
  de que cor? (de ke kor) what color?
correio (ko-ray′oo) *m.* post office
correr (ko-ra[y]r′) to run
corretamente (ko-reh-tun[g]-men[g]′-te) correctly
cortês (kor-ta[y]s′) polite, courteous
costa (kohs′-ta) *f.* coast
cousa (ko′-za) *f.* thing
cozinha (ko-zeen[g]′-n[y]a) *f.* kitchen
crer (kra[y]r) to believe, to think
cruz (kroo′s) *f.* cross
cruzeiro (kroo′-za[y]′-roo) *m.* cruzeiro (*unit of Brazilian currency*)
cuidadoso (koo′ee-dah-do″-zoo) careful
cujo (koo′-joo) whose
curto (koor′-too) short
custar (koos-tahr′) to cost

da (dah); **das** (dahs) of the (*feminine form*)
  da manhã (dah mun[g]-ny-un[g]′) A.M.
  da noite (dah no′ee-te) P.M. (*after sunset*)
  da tarde (dah tahr′-de) P.M. (*until sunset*)
daquele (dah-ka[y]′-le) of that yonder
daqui até a (dah-kee′ah-teh′ah) from here to; as far as
daquilo (dah-kee′-loo) of that yonder
dar (dahr) to give
  dar de comer (dahr de ko-ma[y]r′) to feed
  dar um passeio (dahr oon[g] pah-say′oo) to take a walk; to take a ride
  dar-se bem (dahr′-se bayn[g]) to get along well
de (de) of; do (doo), da (dah), dos (doos′), das (dahs) of the
  de auto (de ah′oo-too) by auto
  de manhã (de mun[g]-ny-un[g]′) in the morning
  de modo a (de moh′-doo ah) so as

de modo que (de moh'-doo ke) so that

de nada (de nah'-da) nothing at all

de noite (de no'ee-te) in the evening

de outro modo (de oo'-troo moh'-doo) otherwise

de que cor? (de ke kor) what color?

de tarde (de tahr'-de) in the afternoon

de vez em quando (de va[y]s en[g] koo-un[g]'-doo) once in a while

debaixo (da[y]-bah'ee-shoo) under, underneath

decorar (da[y]-ko-rahr') to memorize

dedicar (da[y]-dee-kahr') to devote

deitar-se (day-tahr'-se) to go to bed

deixar (day-shahr') to leave; to let, to allow

demasiado (da[y]-mah-zee-ah'-doo) too much; too

dentro (den[g]'-troo) within, inside

depois (da[y]-po'ees) afterwards; then

depois de (da[y]-po'ees de) after

depois de amanhã (da[y]-po'ees de ah-mun[g]-ny-un[g]') day after tomorrow

depois que (da[y]-po'ees ke) after

depressa (da[y]-preh'-sa) fast; in a hurry, hastily

desagradável (da[y]-zah-grah-dah'-vehl) unpleasant

descansar (da[y]s-kun[g]-sahr') to rest

descanso (da[y]s-kun[g]'-soo) *m.* rest

descer (da[y]s-sa[y]r') to go down; to come down

descobrir (da[y]s-ko-breer') to discover. *Pres. indic.:* **descubro;** *pres. subj.:* **descubra;** *past part.:* **descoberto**

descrever (da[y]s-cra[y]-va[y]r') to describe

desculpar (da[y]s-kool-pahr') to pardon, to excuse

desde (da[y]s'-de) from; since

desejar (da[y]-za[y]-jahr') to wish

despedir (da[y]s-pa[y]-deer') to dismiss

despedir-se (da[y]s-pa[y]-deer'-se) to take leave; to say goodbye

desse (da[y]'-see), **dessa** (deh'-sa) of that

deste (da[y]s'-te), **desta** (dehs'-ta) of this

deste modo (da[y]s'-te moh'-doo) in this manner

desviar (da[y]s-vee-ahr') to deviate

detalhado (da[y]-tah-ll[i]-ah'-doo) detailed

detrás (da[y]-trahs') behind

devagar (da[y]-vah-gahr') slowly

dever (da[y]-va[y]r') to owe; should, must

dezembro (da[y]-zen[g]'-broo) December

dia (dee'a) *m.* day

diante (dee-un[g]'-te) in front

dicionário (dee-see-oo'-nah''-ree-oo) *m.* dictionary

diferença (dee-fa[y]-ren[g]'-sa) *f.* difference

diferente (dee-fa[y]-ren[g]'-te) different

difícil (dee-fee'-seel) hard, difficult

dificuldade (dee-fee-kool-dah'-de) *f.* difficulty

dinheiro (dee-n[y]-ay'-roo) *m.* money

disso (dee'-soo) of that

distância (dees-tun[g]'-see-a) *f.* distance

distinguir (dees-teen[g]-gheer') to distinguish

distinto (dees-teen[g]'-too) distinct

disto (dees'-too) of this

divertir (dee-va[y]r-teer') to divert

divertir-se (dee-va[y]r-teer'-se) to enjoy oneself

dividir (dee-vee-deer') to divide

dizer (dee-za[y]r') to say, to tell **ouvir dizer** (o'oo-veer'' dee-za[y]r') to hear (*to be told*) **querer dizer** (ka[y]-ra[y]r' dee-za[y]r') to mean, to signify

do (doo), **da** (dah), **dos** (doos), **das** (dahs) of the

doente (do-en[g]'-te) sick, ill

dólar (doh'-lar) *m.* dollar

domingo (do-meen[g]'-goo) *m.* Sunday

donde (don[g]'-de) from where

dormir (dor-meer') to sleep

dum (doon[g]), **duma** (doon[g]'-ma) of a; **duns** (doon[g]s), **dumas** (doon[g]'-mas) of some
durante (doo-run[g]'-te) during
dúvida (doo'-vee-da) *f.* doubt
duvidar (doo-vee-dahr') to doubt

e (a[y]) *or* (e) and
edifício (a[y]-dee-fee'-see-oo) *m.* building
ele (a[y]'-lee) he, it; **ela** (eh'-la) she, it; **eles** (a[y]'les), **elas** (eh'-las) they
em (en[g]) in, on; **no** (noo), **na** (nah), **nos** (noos), **nas** (nahs) in the
em casa (en[g] kah'-za) at home
embora (en[g]-boh'-ra) although
ir-se embora (ee'r-se en[g]-boh'-ra) to go away
empregar (en[g]-pra[y]-gahr') to use, to employ
encontrar (en[g]-kon[g]-trahr') to find; to meet
encontrar-se (en[g]-kon[g]-trahr'-se) to be located; to be found
encontrar-se com (en[g]-kon[g]-trahr'-se kon[g]) to meet; to have an engagement with
enquanto (en[g]-koo-un[g]'-too) while; as long as
ensinar (en[g]-see-nahr') to teach
então (en[g]-tun[g]'-oo) then
entrar em (en[g]-trahr' en[g]) to enter
entre (en[g]'-tre) between; among
erro (a[y]'-roo) *m.* mistake
escada (a[y]s-kah'-da) *f.* stairway
escola (a[y]s-koh'-la) *f.* school
escolher (a[y]s-ko-ll[i]-a[y]r') to choose
escrever (a[y]s-kra[y]-va[y]r') to write
escritório (a[y]s-kree-toh'-ree-oo) *m.* office
espanhol (a[y]s-pah-n[y]-ohll') Spanish
esperar (a[y]s-pa[y]-rahr') to hope; to expect; to wait for
esposo (a[y]s-po'-zoo) *m.* husband; **esposa** (a[y]s-po'-za) *f.* wife
esquecer (a[y]s-keh-sa[y]r') to forget
esse (a[y]'-se), **essa** (eh'-sah) that; **esses** (a[y]'-ses), **essas** (eh'-sahs) those

estação (a[y]s-tah-sun[g]'-oo) *f.* season; station
Estados Unidos (da América) (a[y]s-tah'-doo'-zoo-nee'-doo's [dah-meh'-ree-ka]) United States (of America)
estar (a[y]s-tahr') to be
este (a[y]s'-te), **esta** (ehs'-ta) this; **estes** (a[y]s'-tes), **estas** (ehs'-tas) these
estrada (a[y]s-trah'-da) *f.* road
estrada de ferro (a[y]s-trah'da de feh'-roo) *f.* railway
estrangeiro (a[y]s-trun[g]-jay'-roo) *adj.* foreign; *n. m.* foreigner
estreito (a[y]s-tray'-too) narrow
estudante (a[y]s-too-dun[g]'-te) *m.* student
estudar (a[y]s-too-dahr') to study
estudo (a[y]s-too'-doo) *m.* study
eu (a[y]'oo) I
Europa (a[y]'oo-roh''-pa) *f.* Europe
europeu (a[y]'oo-ro-pa[y]''oo), European
exame (a[y]-zun[g]'-me) *f.* examination
exato (a[y]-zah'-too) exact
excelente (a[y]s-sa[y]-len[g]'-te) excellent
exemplo (a[y]-zen[g]'-ploo) *m.* example
exercício (a[y]-za[y]r-see'-see-oo) *m.* exercise
explicar (a[y]s-plee-kahr') to explain
expressão (a[y]s-pra[y]-sun[g]'oo) *f.* expression
expressar (a[y]s-pra[y]-sahr') to express

fácil (fah'-seell) easy
falar (fah-lahr') to speak
família (fah-mee'-lee-a) *f.* family
favor (fah-vor') *m.* favor
por favor (por fah-vor') please
fazenda (fah-zen[g]'da) *f.* farm
fazendeiro (fah-zen[g]-day'-roo) *m.* farmer
fazer (fah-za[y]r') to do; to make
fazer compras (fah-za[y]r' kon[g]'-prahs) to shop, to go shopping
fazer frio (fah-za[y]r' free'oo) to be cold (*weather*)
fazer parte (fah-za[y]r' pahr'-te) to belong; to be a part

fazer uma refeição (fah-za[y]'-roon[g]'-ma ra[y]-fa[y]-sun[g]'oo) to eat a meal

fazer uma viagem (fah-za[y]'-roon[g]'-ma vee-ah'-jayn[g]) to take a trip

fechar (fa[y]-shahr') to close

feio (fay'oo) ugly, homely

feliz (fa[y]-lee's) happy

férias (feh'-ree-as) *f. pl.* vacation

ferro (feh'-roo) *m.* iron
estrada de ferro (a[y]s-trah'da de feh'-roo) *f.* railway

fevereiro (fa[y]-va[y]-ray'-roo) February

ficar (fee-kahr') to remain; to become; to be

filho (fee'-ll[i]-oo) *m.* son; filha (fee'-ll[i]-a) *f.* daughter

fim (feen[g]) *m.* end

finalmente (feen[g]-nahll-men[g]'-te) at last, finally

flor (flor) *f.* flower

fome (foh'-me) *f.* hunger

fora (foh'-ra) outside; besides

francês (frun[g]-sa[y]s') French

frase (frah'-ze) *f.* phrase; sentence

fresco (fra[y]s'-koo) cool; fresh

frio (free'oo) *m.* cold
estar frio (a[y]s-tahr' free'oo) to be cold (*weather*)
fazer frio (fah-za[y]r' free'oo) to be cold (*weather*)
estar com frio (a[y]s-tahr' kon[g] free'oo) to be cold (*a person, an animal*)

fruta (froo'-ta) *f.* fruit

fumar (foo-mahr') to smoke

galinha (gah-leen[g]'n[y]-a) *f.* hen

ganhar (gah-n[y]-ahr') to gain; to earn; to win

garção (gahr-sun[g]'oo) *m.* waiter

garrafa (gah-rah'-fa) *f.* bottle

gente (jen[g]'-te) *f.* people; everybody; one

geografia (ja[y]-o'-grah-fee''a) *f.* geography

geralmente (ja[y]-rahll-men[g]'-te) generally

giz (jees) *m.* chalk

gorgeta (gor-ja[y]'-ta) *f.* tip

gostar (de) (gos-tahr' de) to like

gostar mais de (gos-tahr' mah'ees de) to like better, to like best

gosto (gos'-too) *m.* pleasure

governo (go-va[y]r'-noo) *m.* government

gozar (go-zahr') to enjoy

gradualmente (grah-doo-ahll-men[g]'-tee) gradually

gramática (grah-mah'-tee-ka) *f.* grammar

grande (grun[d]'-de) great; large
grande quantidade (grun[d]'-de koo-un[g]'-tee-dah''-de) great deal

há (ah) there is; there are

habitante (ah-bee-tun[g]'-te) *m.* resident, inhabitant

haver (ah-va[y]r') to have

história (ees-toh'-ree-a) *f.* history

hoje (o'-je) today

homem (oh'-men[g]) *m.* man

hora (oh'-ra) *f.* hour

hotel (o-tehll') *m.* hotel

houve (o'-ve) there was; there were

idade (ee-dah'-de) *f.* age
que idade tem? (keedah'-de ta[y]n[g]) how old are you? (is he, she, it?)

idéia (ee-deh'ee-a) *f.* idea

idiomático (ee-dee-o'-mah''-tee-koo) idiomatic

igreja (ee-gra[y]'-ja) *f.* church

igual (ee-goo-ahll') *f.* equal; alike, like

ilha (ee'-ll[i]-a) *f.* island

imediatamente (een[g]-ma[y]-dee-ah'-ta-men[g]''-te) immediately, at once

importante (een[g]-por-tun[g]'-te) important

impossível (een[g]-po-see'-vehll) impossible

incluir (een[g]-kloo-eer') to include

industrial (een[g]-doos-tree-ahll') industrial

infeliz (een[g]-fa[y]-lees') unhappy

informação (een[g]-for-mah-sun[g]'oo) *f.* information

inglês (een[g]-gla[y]s') English

inteligente (een[g]-ta[y]-lee-jen[g]'-te) intelligent

interessante (een[g]-ta[y]-ra[y]-sun[g]'-te) interesting
interessar (een[g]-ta[y]-ra[y]-sahr') to interest
　interessar-se por (een[g]-ta[y]-ra[y]-sahr'-se poo'r) to be interested in
inútil (een[g]-noo'-teell) useless
inverno (een[g]-vehr'-noo) *m.* winter
investigar (een[g]-va[y]s-tee-gahr') to investigate
ir (ee'r) to go
　ir-se embora (ee'r-se en[g]-boh'-ra) to go away
　ir à cidade (ee'r ah see-dah'-de) to go downtown, to go to town
　ir ao centro (ee'r ah'oo sen[g]'-troo) to go downtown
　ir às compras (ee'r ahs con[g]'-prahs) to go shopping
　ir bem (ee'r bayn[g]) to be well; to get along well
　ir buscar (ee'r boos-kahr') to go and get
　ir para casa (ee'r pah'-ra kah'-za) to go home
irmão (eer-mun[g]'oo) *m.* brother; **irmã** (eer-mun[g]') *f.* sister
isso (ee'-soo) that thing
　por isso (poo'r ee'soo) for that reason, therefore
isto (ees'-too) this thing
　isto é (ees'-too eh) that is

já (jah) already; immediately
　já não (jah nun[g]'oo) no longer, no more, not any more
janeiro (jah-nay'-roo) January
janela (jah-neh'-la) *f.* window
jantar (jun[g]-tahr') *v.* to dine; *n. m.* dinner
　sala de jantar (sah'-la de jun[g]-tahr') *f.* dining room
jardim (jahr-deen[g]') *m.* flower garden
João (joo-un[g]'oo) John
jornal (jor-nahll') *m.* newspaper
jovem (joh'-vayn[g]) *adj.* young; *n. m.* young man
julho (joo'-ll[i]-oo) July
junho (joon[g]'-n[y]-oo) June

lado (lah'-doo) *m.* side
lago (lah'-goo) *m.* lake

lápis (lah'-pees) *m.* pencil
laranja (lah-run[g]'-ja) *f.* orange
largo (lahr'-goo) broad, wide
lavar (lah-vahr') to wash
legume (la[y]-goo'-me) *m.* vegetable
leite (lay'-te) *m.* milk
leiteria (lay-ta[y]-ree'a) *f.* milk store
lembrar-se de (len[g]-brahr'-se de) to remember
ler (la[y]r) to read
levantar (la[y]-vun[g]-tahr') to raise
　levantar-se (la[y]-vun[g]-tahr'-se) to get up
levar (la[y]-vahr') to carry; to take (away)
lhe (ll[i]-e) him, her, it; **lhes** (ll[i]-es) them
lição (lee-sun[g]'oo) *f.* lesson
língua (leen[g]'-goo-a) *f.* language
linha (leen[g]'-n[y]-a) *f.* line
Lisboa (lees-bo'a) Lisbon
lista (lees'-ta) *f.* list
literalmente (lee-ta[y]-rahl-men[g]'-te) literally
livraria (lee-vrah-ree'a) *f.* bookstore
livro (lee'-vroo) *m.* book
lo (loo), **la** (lah) him, her, it; **los** (loos), **las** (lahs) them
logo (loh'-goo) immediately; shortly, soon
　logo que (loh'-goo ke) as soon as
　até logo! (ah-teh' loh'-goo) so long!
loja (loh'-ja) *f.* store
longe (lon[g]'-je) far
　longe de (lon[g]-je de) far from
longo (lon[g]'-goo) long
lugar (loo-gahr') *m.* place
luva (loo'-va) *f.* glove

maçã (mah-sun[g]') *f.* apple
madeira (mah-day'-ra) *f.* wood
mãe (mun[g]'e) *f.* mother
maio (mah'ee-oo) *m.* May
maior (mah-ee-ohr') larger
　a maior parte de (ah mah-ee-ohr' pahr'-tee de) most of
mais (mah'ees) more
mal (mahll) badly, poorly
mamãe (mun[g]-mun[g]'e) *f.* mama
mandar (mun[g]-dahr') to command; to send; to order
manhã (mun[g]-ny-un[g]') *f.* morning

da manhã (dah mun[g]-ny-un[g]')
A.M.

de manhã (dee mun[g]-ny-un[g]')
in the morning

manteiga (mun[g]-tay'-ga) *f.* butter

mão (mun[g]'oo) *f.* hand

mapa (mah'-pa) *m.* map

março (mahr'-soo) March

Maria (mah-ree'a) Mary

mas (mahs) but

mas sim (mahs seen[g]) but rather

mau (mah'oo), má (mah) bad

máximo (mah'-see-moo) maximum

no máximo (noo mah'-see-moo) at
the most

me (me) me

média (meh'-dee-a) *f.* average

médico (meh'-dee-koo) *m.* physician

meia (may'-a) *f.* stocking

meio (may'oo) half

meio-dia (may'oo dee'a) *m.* mid-
day

meia-noite (may'a no'ee-te) *f.*
midnight

memória (ma[y]-moh'-ree-a) *f.* memory

de memória (de ma[y]-moh'-
ree-a) by heart

mencionar (men[g]-see-o'-nahr'') to
mention

menos (men[g]'-noos) less

a menos que (ah men[g]'-noos ke)
unless

pelo menos (pa[y]'loo men[g]'-
noos) at least

mês (ma[y]s) *m.* month. *Pl.:* meses

mesa (ma[y]'-za) *f.* table

mesmo (ma[y]s'-moo) same

mim (meen[g]) me

minuto (meen[g]-noo'too) *m.* minute

moço (mo'soo) *m.* boy; moça (mo'sa)
f. girl

moderno (mo-dehr'-noo) modern

modo (moh'-doo) *m.* way, manner

de modo a (de moh'doo ah) so
as

de modo que (de moh'-doo ke) so
that, in order that

de outro modo (de oo'troo moh'-
doo) otherwise

deste modo (da[y]s'-te moh'doo)
in this manner

montanha (mon[g]-tun[g]'-n[y]-a) *f.*
mountain

morar (mo-rahr') to live, to dwell

morrer (mo-ra[y]r') to die

mostrar (mos-trahr') to show

móvel (moh'-vehll) piece of furniture; móveis (moh'-vays) furniture

mudar (moo-dahr') to move; to
change

muito (moo'een[g]-too) much, a
great deal; hard; very; muitos
(moo'een[g]-toos) many

muito que ver (moo'een[g]-too ke
va[y]r) much to see

mulher (moo-ll[i]-ehr') *f.* woman;
wife

multiplicar (mool-tee-plee-kahr') to
multiply

mundo (moon[g]'-doo) *m.* world

nada (nah'-da) nothing

de nada (de nah'-da) not (nothing) at all

nadar (nah-dahr') to swim

não (nun[g]'oo) no, not

não há de quê (nun[g]'oo ah de-
ka[y]) nothing at all; don't mention it

a não ser que (ah nun[g]'oo sa[y]r
ke) unless

ja não (jah nun[g]'oo) no longer,
no more, not any more

nascer (nahs-sa[y]r') to be born; to
rise (*the sun*)

necessário (na[y]-sa[y]-sah'-ree-oo)
necessary

negociante (na[y]-go-see-un[g]'-te) *m.*
businessman

nem (nayn[g]) not; not even

nem . . . nem (nayn[g] . . . nayn[g])
neither . . . nor

que nem (ke nayn[g]) just like

nenhum (nen[g]-oon[g]', nenhuma
(nen[g]-oon[g]'-ma), nenhuns
(nen[g]'-oon[g]s), nenhumas
(nen[g]-oon[g]'-mas) none; no;
no one

nevar (na[y]-vahr') to snow

neve (neh'-ve) *f.* snow

ninguém (neen[g]-ghayn[g]') no one,
nobody; none

no (noo), na (nah), nos (noos), nas
(nahs) in the

no caso de (noo kah'-zoo de) in
case

no máximo (noo mah'-see-moo) at the most

noite (no'ee-te) *f.* night, evening

da noite (da no'ee-te) P.M. (*after sunset*)

de noite (de no'ee-te) in the evening

nome (non[g]'-me) *m.* name

norte (nohr'-te) *m.* north

norte-americano (nohr'-te a-ma[y]-ree-kun[g]'-noo) North American, American

nos (noos) us

nós (nohs) we

nota (noh'-ta) *f.* grade; note

notícia (no-tee'-see-a) *f.* news

novamente (noh-vah-men[g]'-te) anew, again

novembro (no-ven[g]'-broo) November

novo (no'-voo) new

num (noon[g]), **numa** (noon[g]'-ma) in a; **nuns** (noon[g]s), **numas** (noon[g]'-mas) in some

número (noon[g]'-ma[y]-roo) *m.* number

nunca (noon[g]'-ka) never

nunca mais (noon[g]'-ka mah'-ees) never more, never again

o (oo) the, him, it; **a** (ah) the, her, it; **os** (oos), **as** (ahs) the, them

obra (oh'-bra) *f.* work; literary work

obrigado (o-bree-gah'-doo) obliged; thanks, thank you

Oceano Atlântico (o-sa[y]-un[g]'-noo ah-tlun[g]'-tee-koo) *m.* Atlantic Ocean

Oceano Pacífico (o-sa[y]-un[g]'-noo pah-see'fee-koo) *m.* Pacific Ocean

ocidente (o-see-den[g]'-te) occident

ocupado (o-koo-pah'-doo) busy, occupied

onde (on[g]'-de) where

até onde? (ah-teh' on[g]'-de) how far?

ontem (on[g]'-tayn[g]) yesterday

oportunidade (o-por-toon[g]-nee-dah'-de) *f.* opportunity

ou (o'oo) or

ouro *m.* (o'oo-roo) gold

outono (o'oo-ton[g]'-noo) *m.* fall, autumn

outro (o'oo-troo) other, another

outubro (o'oo-too''-broo) October

ouvir (o'oo-veer'') to hear

ouvir dizer (o'oo-veer' dee-za[y]r') to hear (*to be told*)

padaria (pah-da-ree'a) *f.* bakery

pagar (a) (pah-gahr' ah) to pay

página (pah-jeen[g]-na) *f.* page

pai (pah'ee) *m.* father; **pais** (pah'ees) fathers; parents

país (pah-ees') *m.* country

paisagem (pah-ee-zah'-jayn[g]) *f.* landscape

palavra (pah-lah'-vra) *f.* word

pão (pun[g]'oo) *m.* bread, loaf of bread. *Pl.:* **pães** (pun[g]'ees)

papai (pah-pah'ee) *m.* papa

papel (pah-pehll') *m.* paper

papel de parede (pah-pehll' de pah-ra[y]'-de) *m.* wallpaper

par (pahr) *m.* pair

para (pah'-ra) for; to

para que (pah'-ra ke) in order that

para quê? (pah'-ra ka[y]) what for? what . . . for?

parecer (pah-ra[y]-sa[y]r') to appear

parecer-se com (pah-ra[y]-sa[y]r'-se kon[g]) to look like; to resemble

parede (pah-ra[y]'-de) *f.* wall

parente (pah-ren[g]'-te) *m.* relative

parte (pahr'-te) *f.* parte

fazer parte (fah-za[y]r' pahr'-te) to belong; to be a part

a maior parte de (ah mah-ee-ohr pahr'-te de) most of

por toda parte (poo'r to'-dah pahr'-te) everywhere

partir (pahr-tee'r) to start; to leave; to break

passado (pah-sah'-doo) past

passar (pah-sahr') to pass; to spend

passeio (pah-say'oo) *m.* walk; ride

dar um passeio (dah-roon[g] pah-say'oo) to take a walk; to take a ride

pau (pah'oo) *m.* wood

Paulo (pah'oo-loo) Paul

pé (peh) *m.* foot

a pé (ah peh) on foot

pedir (pa[y]-deer') to ask (*for something*).

Pedro (pa[y]'-droo) Peter

pelo (pa[y]'-loo), **pela** (pa[y]'-la), **pelos** (pa[y]'-loos), **pelas** (pa[y]'-las) by the
pelo menos (pa[y]'-loo men[g]'-noos) at least
pena (pen[g]'-na) *f.* pen; pity, trouble
que pena! (ke-pen[g]'-na) what a pity!
pensão: casa de — (kah'-za dee pen[g]-sun[g]'-oo) *f.* boarding-house
pensar (pen[g]-sahr') to think; to intend
pequeno (pa[y]-ka[y]'-noo) small
pêra (pa[y]'-ra) *f.* pear
perder (pa[y]r-da[y]r') to lose
pergunta (pa[y]r-goon[g]'-ta) *f.* question
perguntar (pa[y]r-goon[g] tahr') to ask (*a question*)
perto (pehr'-too) near
pessoa (pa[y]-so'a) *f.* person
plano (plun[g]'-noo) *m.* plan, project
pobre (poh'-bre) poor
poder (po-da[y]r') to be able, can
pôr (por) to put, to place
pôr-se (por'-se) to set (*the sun*)
por (por) for; by; through
por exemplo (por a[y]-zen[g]'-ploo) for example, for instance
por favor (por fah-vor') please
por isso (por ee'-soo) for that reason, therefore
por toda parte (por to'-dah pahr'-te) everywhere
porão (po-run[g]'oo) *m.* basement
porém (po-rayn[g]') however
porque (por-ke') *or* (por-ka[y]') because; why?
porta (pohr'-ta) *f.* door
porto (por'-too) *m.* port, harbor
Portugal (por-too-gahll') Portugal
português (por-too-ga[y]s') Portuguese
possível (po-see'-vehll) possible
pouco (po'oo-koo) little; **poucos** (po'oo-koos) few
um pouco (oon[g] po'oo-koo) a little; not much
povo (po'-voo) *m.* people
praça (prah'-sa) *f.* square
praia (prah'ee-a) *f.* beach
prazer (prah-za[y]r') pleasure

precisar de (pra[y]-see-zahr' de) to need
preciso (pra[y]-see'-zoo) necessary
preferir (pra[y]-fa[y]-ree'r) to prefer
preguiçoso (pra[y]-ghee-so'-zoo) lazy
preocupar-se (pree-oh'-koo-pahr" -se) to worry
preparar (pra[y]-pah-rahr') to prepare
pressa (preh'-sa) *f.* haste; hurry
ter pressa (ta[y]r preh'-sa) *or* **estar com pressa** (ees-tahr' kon[g] preh'-sa) to be in a hurry
depressa (dee-preh'-sa) fast; hurriedly
prestar pra[y]s-tahr') to give; to be good for; to be useful
prestar atenção (pra[y]s-tah'-rah-ten[g]-sun[g]'oo) to pay attention
pretender (pra[y]-ten[g]-da[y]r') to intend; to pretend
preto (pra[y]'-too) black
primavera (pree-mah-veh'-ra) spring
primeiro (pree-may'-roo) first
primeiro almoço (pree-may'roo ahl-mo'-soo) *m.* breakfast
primo (pree'-moo) *m.* cousin; **prima** (pree'-ma) *f.* cousin
principal (preen[g]-see-pahll') principal
procurar (proh-koo-rahr') to try; to search; to seek
produzir (pro-doo-zeer') to produce
professor (pro-fa[y]-ssor') *m.* teacher, professor; **professora** (pro-fa[y]-sso'ra) *f.* teacher, professor
progresso (pro-greh'-soo) *m.* progress
prometer (pro-ma[y]-ta[y]r') to promise
pronúncia (pro-noon[g]'-see-a) *f.* pronunciation
pronunciar (pro-noon[g]-see-ahr') to pronounce
provável (pro-vah'-vehll) probable
próximo (proh'-see-moo) next, near

quadro (negro) (koo-ah'-droo (na[y]'-groo)) *m.* blackboard
qual (koo-ahll') who, that, which
qualquer (koo-ahll'-kehr") any; anyone; whatever
quando (koo-un[g]'-doo) when

quantidade (koo-un[g]'-tee-dah"-de)
f. quantity, amount

quanto (koo-un[g]'-too), **quanta** (koo-un[g]'-ta) how much?; all that
which, all who; **quantos** (koo-un[g]'-toos), **quantas** (koo-un[g]'-tas) how many?; all those who

quantas vezes? (koo-un[g]'-tas va[y]'-zees) how many times?

quantos anos tem? (koo-un[g]'-toos un[g]'-noos tayn[g]) how old are you? (is he, she, it?)

quarta-feira (koo-ahr'-ta fay'-ra) *f.* Wednesday

quarto (koo-ahr'-too) *m.* room; fourth, quarter

quási (koo-ah'-zee) almost

que (ke) what, that

(**do) que** (doo ke) than

que bom! (ke bon[g]) how glad I am! fine! great!

que idade tem? (kee-dah'-de tayn[g]) how old are you? (is he, she, it?)

que nem (ke nayn[g]) just like

que pena! (ke pen[g]'-na) what a pity!

queijo (ka[y]'-joo) *m.* cheese

quem (ka[y]n[g]) who, whom

quente (ka[y]n[g]'-tee) warm, hot

querer (ka[y]-ra[y]r') to want, to wish. *Pres. indic.:* **quero;** *pret. indic.:* **quis;** *pres. subj.:* **queira;** *imp. subj.:* **quisesse;** *fut. subj.:* **quiser**

querer dizer (ka[y]-ra[y]r' dee-za[y]r') to mean, to signify

quinta-feira (keen[g]'-ta fay'ra) *f.* Thursday

rapaz (rah-pahs') *m.* boy

rápido (rah'-pee-doo) quick, fast, rapid

razão (rah-zun[g]'oo) *f.* reason

ter razão (ta[y]r rah-zun[g]'oo) to be right

recear (ra[y]-sa[y]-ahr') to fear

receber (ra[y]-sa[y]-ba[y]r' to receive

refeição (ra[y]-fa[y]-sun[g]'oo) *f.* meal

regressar (ra[y]-gra[y]-sahr') to return

relógio (ra[y]-loh'-jee-oo) *m.* watch; clock

relógio de parede (ra[y]-loh'-jee-oo de pah-ra[y]'-de) clock

repartição (ra[y]-pahr-tee-sun[g]'oo) *f.* government department

repetir (ra[y]-pa[y]-tee'r) to repeat

residência (ra[y]-zee-den[g]'-see-a) *f.* residence

respeito (ra[y]s-pay'-too) *m.* respect

a respeito de (ah ra[y]s-pay'-too de) regarding

responder (ra[y]s-pon[g]-da[y]r') to answer

restaurante (ra[y]s-tah'oo-run[g]"-te) *m.* restaurant

reunir (ra[y]-oo-neer') to gather

reunir-se (ra[y]-oo-neer'-se) to get together

rico (ree'-koo) rich

rio (ree'oo) *m.* river

rir (ree'r) to laugh

roça (roh'-sa) *f.* country; hinterland

rota (roh'-ta) *f.* route

roupa (ro'-pa) *f.* clothing

rua (roo'a) *f.* street

sábado (sah'-ba-doo) *m.* Saturday

saber (sah-ba[y]r') to know (*facts*); to know how

sair (sah-eer') to go out

sala (sah'-la) *f.* room

sala de classe (sah'-la de klah'-se) *f.* classroom

sala de estar (sah'-la de ees-tahr') living room

sala de jantar (sah'-la de jun[g]-tahr') *f.* dining room

santo (sun[g]'-too) *m.* saint; *adj.* holy

sapataria (sah-pah-tah-ree'a) *f.* shoe store

sapato (sah-pah'-too) *m.* shoe

saúde (sah-oo'-de) *f.* health

se (se) *conj.* if, whether. *Refl. pron. third person, sing. and pl.:* himself, etc.

sede (sa[y]'-de) *f.* thirst

ter sede (ta[y]r sa[y]'de) to be thirsty

estar com sede (ees-tahr' kon[g] sa[y]'-de) to be thirsty

seguinte (sa[y]-gheen[g]'-te) following, next

seguir (sa[y]-ghee'r) to follow

seguir-se a (sa[y]-gheer'-se a) to come after

segunda-feira (sa[y]-goon[g]'-da
    fay'-ra) *f.* Monday
segundo (sa[y]-goon[g]'-doo) second;
    according to
sem (sayn[g]) without
semana (sen[g]-mun[g]'-na) *f.* week
semelhante (sa[y]-ma[y]-ll[i]-un[g]'-
    te) similar; like
sempre (sen[g]'-pre) always
senão (sen[g]-nun[g]'oo) otherwise;
    nothing but
senhor (sen[g]-n[y]-or') (Sr.) *m.* sir,
    Mr.; **senhora** (sen[g]-n[y]-o'-ra)
    (Sra.) *f.* lady; madam; Mrs.
    o senhor (oo sen[g]-n[y]-or'), **a se-**
    nhora (ah sen[g]-n[y]-o'-ra) you
senhorita (sen[g]-n[y]-o-ree'-ta) (Sta.)
    f. young lady, Miss; you
sentar-se (oon[g] tahr'-se) to sit
    down
sentir (sen[g]-tee'r) to feel; to feel
    sorry, to regret. *Pres. indic.:*
    sinto; *pres. subj.:* **sinta**
ser (sa[y]r) to be
    ser pena (sa[y]r pen[g]'-na) to be
    too bad
    ser preciso (sa[y]r pra[y]-see'-zoo)
    to be necessary
servir (sa[y]r-vee'r) to serve
setembro (sa[y]-ten[g]'-broo) Sep-
    tember
sexta-feira (sa[y]s'-ta fay'-ra) *f.* Fri-
    day
si (see) himself, herself, itself, your-
    self; themselves, yourselves
sim (seen[g]) yes
simples (seen[g]'-ples) simple
situado (see-too-ah'-doo) located
só (soh) alone; only
soalho (so-ah'-ll[i]-oo) *m.* floor
sobre (so'-bree) on, upon; concern-
    ing, in regard to
sobretudo (so-bra[y]-too'-doo) *m.*
    overcoat
sobrinho (so-breen[g]'-n[y]-oo) *m.*
    nephew; **sobrinha** (so-breen[g]'-
    n[y]-a) *f.* niece
sol (sohll) *m.* sun
    nascer (o sol) (nahs-sa[y]r' (oo
    sohll)) to rise (*the sun*)
    pôr-se (o sol) (por-se (oo sohll))
    to set (*the sun*)
som (son[g]) *m.* sound
somar (son[g]-mahr') to add

sono (son[g]'-noo) *m.* sleep
sopa (so'-pa) *f.* soup
sótão (soh''-tun[g]'oo) *m.* attic
subir (soo-beer') to go up; to come
    up; to climb
subtrair (soob-trah-eer') to subtract
sul (sooll) *m.* south

tal (tahll) such, such a
talvez (tahll-va[y]s') perhaps
também (tun[g]-bayn[g]') also, too
tanto (tun[g]'-too) so much, as much;
    tantos (tun[g]'-toos) as many
    tanto ... como (tun[g]'-too kon[g]'-
    moo) as much ... as
    um tanto (oon[g] tun[g]'-too) a
    little, slightly
tão (tun[g]'oo) so, as
tarde (tahr'-de) *adj.* late; *n. f.* after-
    noon
    da tarde (dah tahr'-de) P.M. (*un-*
    til sunset)
    de tarde (de tahr'-de) in the
    afternoon
te (te) thee
teatro (tee-ah'-troo) *m.* theater
tempo (ten[g]'-poo) *m.* time; weather
ter (ta[y]r) to have
    ter a certeza (ta[y]r a sa[y]r-ta[y]'-
    za) to be sure
    ter razão (ta[y]r rah-zun[g]'oo) to
    be right
    ter sede (ta[y]r sa[y]'dee) to be
    thirsty
terça-feira (ta[y]r'-sa fay'-ra) *f.* Tues-
    day
terno (tehr'-noo) *m.* suit of clothes
terra (teh'-ra) *f.* land, earth
térreo: andar — (un[g]-dahr' tch'-
    ree-oo) *m.* ground floor
teto (teh'-too) *m.* ceiling
ti (te) thee
tinta (teen[g]'-ta) *f.* ink
tio (tee'oo) *m.* uncle; **tia** (tee'a) *f.*
    aunt
tirar (tee-rahr') to take out; to take
    off
todo (to'-doo), **toda** (to'-da) all;
    whole; **todos** (to'-doos), **todas**
    (to'-das) all; every; everyone,
    everybody
    ao todo (ah'oo to'-doo) on the
    whole, as a whole
tomar (to-mahr') to take; to drink

tornar (tor-nahr') to do again; to return

tornar-se (tor-nahr'-se) to become

trabalhar (trah-bah-ll[i]-ahr') to work

trabalho (trah-bah'-ll[i]-oo) *m.* work

tradução (trah-doo-sun[g]'oo) *f.* translation

traduzir (trah-doo-zeer') to translate

trazer (trah-za[y]r') to bring

trem (train[g]) *m.* train

triste (trees'-te) sad

tu (too) thou

tudo (too'-doo) everything

  tudo o que (too'-doo oo ke) all that, everything that

último (ool'-tee-moo) last

um (oon[g]), **uma** (oon[g]'-ma) a, an; **uns** (oon[g]s), **umas** (oon[g]'-mas) some, a few

  um tanto (oon[g] tun[g]'-too) slightly, a little

universidade (oo-nee-va[y]r-see-dah'-de) *f.* university

usar (oo-zahr') to wear; to use, to employ

útil (oo'-teell) useful

uva (oo'-va) *f.* grape

vaca (vah'-ka) *f.* cow

valer (vah-la[y]r') to be worth

vapor (vah-por') *m.* steamer

vários (vah'-ree-oos) several

velho (veh'-ll[i]-oo) old

vender (ven[g]-da[y]r') to sell

ver (va[y]r) to see

  muito que ver (moo'een[g]-too ke va[y]r) much to see

verão (va[y]-run[g]'oo) *m.* summer

verdade (va[y]r-dah'-de) *f.* truth, fact

verdadeiro (va[y]r-dah-day'-roo) true, genuine

verde (va[y]r'-de) green

vermelho (va[y]r-ma[y]'-ll[i]-oo) red

vestido (va[y]s-tee'-doo) *m.* dress

vestir (va[y]s-teer') to dress

vez (va[y]s) *f.* time. *Pl.:* **vezes**

  algumas vezes (ahll-goon[g]'mas va[y]'-zes) sometimes

  às vezes (ahs' va[y]'-zes) sometimes

  de vez em quando (de va[y]s ayn[g] koo-un[g]'-doo) from time to time, occasionally, once in a while

  duas vezes (doo'as va[y]'-zes) twice

  muitas vezes (moo'een[g]-tas va[y]'-zes) many times, often

  outra vez (o'oo-tra va[y]s) again

  quantas vezes? (koo-un[g]'-tas va[y]-zes) how many times?

  uma vez (oon[g]'-ma va[y]s) once

viagem (vee-ah'-jayn[g]) *f.* journey, trip; voyage

viajar (vee-ah'-jahr'') to travel

vida (vee'-da) *f.* life

vinho (veen[g]'-n[y]-oo) *m.* wine

vir (vee'r) to come

visitar (vee-zee-tahr') to visit

viver (vee-va[y]r') to live, to be alive

vizinho (vee-zeen[g]'-n[y]-oo) *m.* neighbor

vocabulário (vo-kah-boo-lah'-ree-oo) *m.* vocabulary

você (vo-sa[y]') you (*familiar form*)

volta (vohll'-ta) *f.* return

  à volta (ah vohll'-ta) on the return trip

voltar (vol-tahr') to return

vontade (von[g]-tah'-de) *f.* will

  à vontade (ah von[g]-tah'-de) at ease; at will

vos (voos) ye

vós (vohs) you

VOCABULARY

ENGLISH–PORTUGUESE

a, an um, uma
able: be — *v.* poder
about cerca de, acerca de, sobre
according to segundo
add acrescentar, somar
admire admirar
advantage: take — aproveitar
advertisement o anúncio
after depois, depois de, depois que
afternoon a tarde
  in the afternoon da tarde, de tarde
again outra vez, novamente
age a idade
ago atrás
aid ajudar
airplane o avião
alike igual
all todo, toda, todos, todas
  all that tudo o que, quanto
allow deixar
almost quási
alone só
already já
also também
although ainda que, embora
always sempre
A.M. da manhã
America a América
  Central America a América Central
  Latin America a América Latina
  North America a América do Norte
  South America a América do Sul
American americano, norte-americano
amiable amável
among entre
ancient velho, antigo
and e
animal o animal
another outro
answer *v.* responder
any algum, alguma, alguns, algumas; qualquer, quaisquer

anyone alguém, qualquer
apartment o apartamento
  apartment house a casa de apartamentos
appear *v.* parecer, aparecer
apple a maçã (*pl.* as maçãs)
appreciate *v.* apreciar
approximately cerca de
April abril
arm o braço
arrive *v.* chegar
as como
  as far as até
  as if que nem
  as much tanto; **as much . . . as** tanto . . . quanto, tanto . . . como
  as soon as logo que
  as a whole ao todo
ask (*a question*) *v.* perguntar
  ask for *v.* pedir
at a
  at ease à vontade
  at home em casa
  at last finalmente
  at least ao menos, pelo menos
  at the most no máximo
  at once imediatamente
  at the same time ao mesmo tempo
Atlantic (Ocean) o (Oceano) Atlântico
attend *v.* assistir
attention a atenção
  pay attention prestar atenção
attic o sótão
August agosto
aunt a tia
author o autor
automobile o automóvel; **auto** o auto
  by auto de auto
autumn o outono
average a média
awaken *v.* acordar
away: go — ir-se embora; **take —** levar

187

bad mau, má, maus, más
it's too bad é pena
badly mal
bakery a padaria
banana a banana
bank o banco
barber o barbeiro
barbershop a barbearia
basement o porão
bathroom o quarto de banho, o banheiro
bay a baía
be *v.* ser, estar, ficar
be called chamar-se
be found encontrar-se
be located encontrar-se
be necessary ser preciso
be present at assistir a
be sorry sentir
be worth valer
be . . . years old ter . . . anos (de idade)
beach a praia
beautiful belo
beauty a beleza
because porque
become *v.* ficar, tornar-se, fazer-se, pôr-se
become tired cansar-se
bed: go to — *v.* deitar-se
bedroom o quarto (de dormir)
before antes, antes de, antes que
begin *v.* começar
behind atrás, atrás de, detrás de
believe *v.* crer
belong *v.* fazer parte de; pertencer
besides além de
between entre
bill a conta
bird a ave
black preto
blackboard o quadro (negro)
blue azul
boardinghouse a casa de pensão
book o livro
bookstore a livraria
born: be — *v.* nascer
both ambos, ambas
bottle a garrafa
boy o moço, o rapaz
Brazil Brasil
Brazilian brasileiro
bread o pão

breakfast o primeiro almôço, o café
bring *v.* trazer
broad largo
brother o irmão
brown castanho
build *v.* construir
building o edifício
businessman o negociante
busy ocupado
but mas
but rather mas sim
butter a manteiga
buy *v.* comprar
by por, de
by auto de auto
by heart de memória
by train de trem

call *v.* chamar
be called chamar-se
can *v.* poder
capital a capital
careful cuidadoso
carry away *v.* levar
case: in — *conj.* caso; *prep.* no caso de
celebrated célebre
center o centro
certain certo
certainly com certeza
certainty a certeza
chair a cadeira
chalk o giz
cheap barato
cheese o queijo
milk and cheese store a leiteria
choose *v.* escolher
church a igreja
cigarette o cigarro
city a cidade
class a classe
classroom a aula
climb *v.* subir
clock o relógio (de parede)
close *v.* fechar
clothing a roupa
coast a costa
coffee o café
cold *adj.* frio; *n.* o frio
be cold ter frio; estar com frio; fazer frio
color a cor (*pl.* as cores)
what color . . . ? de que cor . . . ?
come *v.* vir
come after seguir-se a

come down descer
come out sair
come up subir
coming seguinte
comfortable confortável
command *v.* mandar
concerning sobre
constantly constantemente
converse *v.* conversar
cool fresco
correctly corretamente
cost *v.* custar
count *v.* contar
country o país; a roça
courteous cortês
cousin o primo, a prima
cover *v.* cobrir
cow a vaca
cross a cruz
cup a chícara

daughter a filha
day o dia
  day after tomorrow depois de amanhã
  day before yesterday anteontem
deal: a great — muito, uma grande quantidade
dear caro
December dezembro
department (*government*) repartição (*pl.* as repartições)
describe *v.* descrever
desire *v.* desejar, querer
detailed detalhado
deviate *v.* desviar
devote *v.* dedicar
dictionary o dicionário
die *v.* morrer
different diferente
difficult difícil
difficulty a dificuldade
diligent aplicado
dine *v.* jantar
dining room a sala de jantar
dinner o jantar
discover *v.* descobrir
distance a distância
distinct distinto
distinguish *v.* distinguir
divide *v.* dividir
do *v.* fazer
  do again tornar a
doctor o médico

dog o cão
dollar o dólar
don't mention it não há de quê
door a porta
doubt *v.* duvidar; *n.* a dúvida
down em baixo
  come down *v.* descer
  downtown o centro, a cidade
  go down *v.* descer
dress *v.* vestir; *n.* o vestido
drink *v.* beber, tomar
during durante
dwell *v.* viver, morar

each cada
  each one cada um
early cedo
earn *v.* ganhar
earth a terra
ease: at — à vontade
easily fàcilmente
easy fácil
eat *v.* comer
  eat a meal fazer uma refeição
employ *v.* empregar, usar
end o fim
English inglês, inglesa, ingleses, inglesas
enjoy *v.* gozar
  enjoy oneself divertir-se
enough bastante
enter *v.* entrar (em)
equal igual
Europe a Europa
European europeu, européia, europeus, européias
evening a tarde, a noite
  in the evening da noite, de noite
  good evening boa noite
ever alguma vez, nunca
every todos, todas
  everybody todos, todas
  everyone todos, todas
  everything tudo
  everything that tudo o que
  everywhere por toda a parte, em toda a parte
exact exato
examination o exame
example o exemplo
excellent excelente
excuse *v.* desculpar
exercise o exercício
expect *v.* esperar

expensive caro
explain *v.* explicar
express *v.* expressar
expression a expressão

fall *v.* cair; *n.* o outono
family a família
famous célebre
far longe
 far from longe de
farm a fazenda
farmer o fazendeiro
fast depressa
father o pai, papai
favor o favor
fear *v.* recear
February fevereiro
feed *v.* dar de comer
feel *v.* sentir
few poucos, poucas
finally finalmente
find *v.* encontrar
 be found *v.* encontrar-se
fine: be — *v.* ir bem
finish *v.* acabar
first primeiro
floor o soalho, o andar
flower a flor
follow *v.* seguir
following seguinte
food a comida
foot o pé
 on foot a pé
for por, para
 for example por exemplo
 for the pelo, pela, pelos, pelas
foreign estrangeiro
 foreigner o estrangeiro
forget *v.* esquecer
fossil o fóssil
French francês, francesa, franceses,
 francesas
Friday a sexta-feira
friend o amigo
from desde, de, por
 from where donde
front: in — of diante de
fruit o fruto; *collective:* a fruta
funnel o funil
furniture o móvel; *collective:* os móveis

gain *v.* ganhar
garden o jardim

gather *v.* reunir
gay alegre
generally geralmente
geography a geografia
get *v.* tomar, buscar
 get along well dar-se bem
 get tired cansar-se
 get together reunir-se
 get up levantar-se
 go and get ir buscar
girl a moça
give *v.* dar, prestar
glad contente
 be glad *v.* alegrar-se
glass o copo
glove a luva
go *v.* ir
 go and get ir buscar
 go away ir-se embora
 go to bed deitar-se
 go down descer
 go downtown ir à cidade, ir ao
 centro
 go out sair
 go shopping ir fazer compras
 go to town ir à cidade
 go up subir
gold o ouro
good bom, boa, bons, boas
 be good for *v.* prestar
 good-bye adeus
 good evening boa noite
 good morning bom dia, bons dias
 good night boa noite, boas noites
government o governo
 government department a repartição (*pl.* as repartições)
grade a nota
gradually gradualmente
grammar a gramática
grape a uva
great grande
green verde
ground floor o andar térreo

half o meio, a metade
hand a mão (*pl.* as mãos)
happen *v.* acontecer
happy feliz, alegre
hard difícil, muito
hat o chapéu
 hat store a chapelaria
have *v.* haver, ter
 have just acabar de

he ele
head a cabeça
health a saúde
hear *v.* ouvir
heart: by — de memória
heat o calor
help *v.* ajudar
hen a galinha
her ela, lhe, a
here aqui
herself si
high alto
him ele, lhe, o
himself si
history a história
home: at — em casa
homely feio
hope *v.* esperar
horse o cavalo
  on horseback a cavalo
hot quente
  be hot ter calor, estar com calor, fazer calor
hotel o hotel
hour a hora
house a casa
how como
  how are you? como está? como vai?
  how many? quantos? quantas?
  how much? quanto? quanta?
  how old? quantos anos?
however porém, contudo
hunger a fome
hungry: be — *v.* estar com fome; ter fome
hurry a pressa
  be in a hurry estar com pressa, ter pressa
husband o esposo

I eu
idea a idéia
idiomatic idiomático
if se
  as if que nem
ill doente
immediately imediatamente, logo
important importante
impossible impossível
in em, dentro
  in case caso, no caso de
  in front diante, diante de
  in order that para que

in regard to sobre
in the no, na, nos, nas
in the afternoon da tarde, de tarde
in the evening da noite, de noite
in the morning da manhã, de manhã
include *v.* incluir
increase *v.* aumentar
industrial industrial
information a informação (*pl.* informações)
inhabitant o habitante
ink a tinta
inside dentro
intelligent inteligente
intend *v.* pretender, pensar
interest *n.* interessar
  be interested in interessar-se por
interesting interessante
investigate *v.* investigar
island a ilha
it ele, ela, lhe, o, a

January janeiro
John João
journey a viagem
July julho
June junho
just: have — *v.* acabar de

kindness a bondade
kitchen a cozinha
know *v.* conhecer, saber

lake o lago
land a terra
landscape a paisagem
language a língua
large grande
last último
  at last finalmente
late tarde
Latin America a América Latina
lawyer o advogado
lazy preguiçoso
learn *v.* aprender
least: at — ao menos, pelo menos
leave *v.* deixar, partir
  take leave despedir-se
less menos
lesson a lição (*pl.* lições)
let *v.* deixar
letter a carta

life a vida
like *v.* gostar (de); *conj.* como, que nem, semelhante
  like better gostar mais de
line a linha
Lisbon Lisboa
list a lista, o cardápio
listen *v.* ouvir, prestar atenção
literally literalmente
little pouco
  a little um tanto
live *v.* viver, morar
living room a sala de estar
located situado
  be located encontrar-se, ficar
long longo
  so long tão longo, até logo!
look for *v.* buscar
lose *v.* perder
love *v.* amar
low baixo
lunch *v.* almoçar; *n.* o almoço

madam a senhora (Sra.)
make *v.* fazer
man o homem
manner o modo
many muitos, muitas
  how many? quantos? quantas?
  so many tantos, tantas
map o mapa
March março
maximum o máximo
May maio
me me, mim
meal a refeição (*pl.* refeições)
mean *v.* querer dizer
meat a carne
meet *v.* encontrar-se (com), conhecer
memorize *v.* decorar
memory a memória
mention *v.* mencionar
  don't mention it não há de quê
menu o cardápio
merry alegre
middle o centro
midnight a meia-noite
milk o leite
  milk and cheese store a leiteria
minute o minuto
miss a senhorita (Sta.)
mistake o erro
mister (Mr.) o senhor (Sr.)
modern moderno

Monday a segunda-feira
money o dinheiro
month o mês (*pl.* meses)
more mais
  more and more cada vez mais
morning a manhã
  in the morning da manhã, de manhã
  good morning bom dia, bons dias
most *adj.* muito, muitíssimo; *pron.* o maior
  most of a maioria de, a maior parte de
  at the most no máximo
mother a mãe, mamãe
mountain a montanha
move *v.* mudar
movies o cinema
moving-picture theater o cinema
Mr. o senhor (Sr.)
Mrs. a senhora (Sra.)
much muito
  as much tanto, tanta
  as much . . . as tanto . . . quanto, tanto . . . como
  how much? quanto? quanta?
  too much demasiado
multiply *v.* multiplicar
must *v.* dever, precisar de
myself me

name o nome
  be named *v.* chamar-se
narrow estreito
near perto de, cerca de
necessary necessário, preciso
  be necessary ser preciso
need *v.* precisar (de)
neighbor o vizinho
neighborhood o bairro
neither . . . nor nem . . . nem
nephew o sobrinho
never nunca
nevertheless contudo
new novo
news a notícia
newspaper o jornal
next próximo, seguinte
  next year o ano que vem
niece a sobrinha
night a noite
no não; nenhum, nenhuma, nenhuns, nenhumas
  no more já não, não mais

nobody ninguém
none nenhum, nenhuma, nenhuns, nenhumas
noon o meio-dia
no one ninguém
north o norte
 North America América do Norte
 North American norte-americano
not não, nem
 not at all de nada
 not yet ainda não
notebook o caderno
nothing nada
 nothing at all de nada
 nothing but senão
November novembro
now agora
number o número

occasionally de vez em quando, às vezes
occident o ocidente
occupied ocupado
Ocean: Atlantic — o (Oceano) Atlântico; Pacific — o (Oceano) Pacífico
October outubro
of de
 of the do, da, dos, das
off: to take — v. tirar
office o escritório
often muitas vezes
old velho, antigo
 be . . . years old ter . . . anos (de idade)
 how old? quantos anos?
on em, sobre
 on foot a pé
 on horseback a cavalo
 on the no, na, nos, nas
 on the return trip à volta
once uma vez
 once in a while de vez em quando
 at once imediatamente
only só, apenas
open v. abrir
opportunity a oportunidade
or ou
orange a laranja
order v. mandar
 in order that para que
other outro, outra
otherwise de outro modo, senão
ought v. dever

ourselves nos
out fora
 come out v. sair
 go out v. sair
outside fora
overcoat o sobretudo
owe v. dever

Pacific (Ocean) o (Oceano) Pacífico
page a página
pair o par
paper o papel
parent o pai, a mãe
 parents os pais
part a parte
 be a part of fazer parte de
pass v. passar
past passado
Paul Paulo
pay v. pagar
 pay attention prestar atenção
pear a pêra
pen a pena
pencil o lápis
people o povo, a gente
perhaps talvez
person a pessoa
Peter Pedro
physician o médico
piece of furniture o móvel
pity a pena
 what a pity! que pena!
place v. pôr; n. o lugar
plan o plano
pleasant agradável
please por favor, faça (o) favor de, tenha a bondade de
pleasure o gosto; o prazer
P.M. da tarde
polite cortês
poor pobre
port o porto
Portugal Portugal
Portuguese português, portuguesa, portugueses, portuguesas
possible possível
post office o correio
prefer v. preferir
prepare v. preparar
present atual
 at present atualmente
 be present at v. assistir a
pretty bonito
previous anterior

principal principal
probable provável
produce *v.* produzir
progress o progresso
promise *v.* prometer
pronounce *v.* pronunciar
pupil o aluno (a aluna)
purchase *v.* comprar; *n.* a compra
put *v.* pôr

quantity a quantidade
quarter o quarto
question *v.* perguntar; *n.* a pergunta
quick rápido

railway a estrada de ferro
rain *v.* chover; *n.* a chuva
rapid rápido
read *v.* ler
reason a razão
receive *v.* receber
red vermelho
regard: in — to sobre
regarding a respeito de, sobre
regret *v.* sentir
relative o parente
remain *v.* ficar
remember *v.* lembrar-se de
repeat *v.* repetir
resemble *v.* paracer-se com
residence a residência
resident o habitante
rest *v.* descansar; *n.* o descanso
restaurant o restaurante
return *v.* voltar, tornar, regressar
  on the return trip à volta
rich rico
ride o passeio
  take a ride dar um passeio
right: be — ter razão
ring o anel
rise *v.* subir
  the sun rises o sol nasce
river o rio
road a estrada
room o quarto, a sala
route a rota
run *v.* correr
  running water a água corrente

sad triste
saint santo
same mesmo
Saturday o sábado

say *v.* dizer
scarcely apenas
school a escola
search procurar
season a estação (*pl.* as estações)
second *adj.* segundo; *n.* o segundo
see *v.* ver
seek *v.* buscar, procurar
sell *v.* vender
send *v.* mandar
sentence a frase
September setembro
serve *v.* servir
set *v.* fixar
  the sun sets o sol põe-se
several vários
shave *v.* barbear
she ela
sheep o carneiro
shirt a camisa
  shirt store a camisaria
shoe o sapato
  shoe store a sapataria
shop *v.* fazer compras; *n.* a loja
short curto
should *v.* dever
show *v.* mostrar
sick doente
side o lado
similar semelhante
simple simples
since desde
sir o senhor (Sr.)
sister a irmã (*pl.* as irmãs)
sit down *v.* sentar-se
situated situado
sleep *v.* dormir; *n.* o sono
sleepy: be — estar com sono, ter
  sono
slowly devagar
small pequeno
smoke *v.* fumar
snow *v.* nevar; *n.* a nève
so tão
  so long tão longo, até logo!
  so many tantos, tantas
  so much tanto, tanta
  so that de modo que, para que
some algum, alguma, alguns, algumas
someone alguém
something alguma cousa
sometimes algumas vezes, às vezes
son o filho

soon logo; cedo
as soon as logo que
sorry: be — v. sentir
sound o som
soup a sopa
south o sul
South America a América do Sul
South American sulamericano
Spanish espanhol
spend passar
spring a primavera
square a praça
stairway a escada
start v. começar, partir
station a estação
steamer o vapor
stocking a meia
store a loja
story o andar
street a rua
streetcar o bonde
student o estudante
study v. estudar; n. o estudo
subtract subtrair
such tal
suit of clothes o terno
summer o verão
sun o sol
the sun rises o sol nasce
the sun sets o sol põe-se
Sunday o domingo
surround v. cercar
swim v. nadar

table a mesa
tailor o alfaiate
tailor shop a alfaiataria
take v. tomar
take away levar
take leave despedir-se
take off tirar
take out tirar, levar
take a trip fazer uma viagem
take a walk (a ride) dar um passeio
talk v. falar, conversar
tall alto
teach v. ensinar
teacher o professor (a professora)
tell v. dizer
than do que, que, de, dos que, os que
thank v. agradecer
thanks obrigado
that esse, essa, esses, essas

that yonder aquele, aquela, aqueles, aquelas
that is isto é
that thing isso, aquilo
so that de modo que, para que
the o, a, os, as
theater o teatro
thee ti
them eles, elas; lhes; os, as
themselves si
then então, depois
there ali, aí
there are há
there is há
there was houve
there were houve
therefore por isso
these estes, estas
they eles, elas
thing a cousa
think v. pensar, crer
thirst a sede
be thirsty ter sede, estar com sede
this este, esta
this thing isto
thou tu
through por
Thursday a quinta-feira
time o tempo, a vez
from time to time de vez em quando
tip a gorgeta
tire v. cansar
become tired cansar-se
to a, para
to the ao, à, aos, às
to where aonde
today hoje
tomorrow amanhã
tomorrow morning amanhã de manhã
too também
too much demasiado
it's too bad é pena
town: go to — v. ir à cidade
train o trem
translate v. traduzir
translation a tradução
travel v. viajar, fazer uma viagem
tree a árvore
trip a viagem
on the return trip à volta
take a trip fazer um viagem
trouble a pena

true verdadeiro
truth a verdade
try *v.* procurar
Tuesday a terça-feira
twice duas vezes

ugly feio
uncle o tio
under debaixo de
understand *v.* compreender
unhappy infeliz
United States (of America) Estados Unidos (da América)
university a universidade
unless a menos que, a não ser que
unpleasant desagradável
until até
up: go — *v.* subir
upon sobre
upper superior
　upper floor o andar superior
us nos
use empregar
useful útil
　be useful prestar

vacation as férias
vegetable o legume
very muito
visit *v.* visitar
vocabulary o vocabulário
voyage uma viagem

wait *v.* esperar
waiter o garção
walk o passeio
　take a walk dar um passeio
wall a parede
wallpaper o papel de parede
want desejar, querer
warm quente
　be warm estar quente, ter calor, estar com calor, fazer calor
wash *v.* lavar
watch o relógio
water a água
way o modo
we nós
wear *v.* usar
weather o tempo
Wednesday a quarta-feira
week a semana
well bem

what que
　what? quê? o quê?
　what a good thing! que bom!
　what a pity! que pena!
　what color . . . ? de que cor . . . ?
　what for? para quê?
whatever qualquer
when quando
where onde
　from where donde
　to where aonde
whether se
which qual, quais
while enquanto
　once in a while de vez em quando
white branco
who quem, que, qual
whole todo, toda
　as a whole ao todo
whose cujo
why? porque?
wide largo
wife a esposa, a senhora
will *v.* querer; *n.* a vontade
win ganhar
window a janela
wine o vinho
winter o inverno
wish *v.* desejar, querer
with com
within dentro
without sem
woman a mulher
wood a madeira, o pau
word a palavra
work *v.* trabalhar; *n.* o trabalho, a obra
world o mundo
worry preocupar-se
worth: be — *v.* valer
write escrever

ye vós, vos
year o ano
　next year o ano que vem
yellow amarelo
yes sim
yesterday ontem
yet ainda
　not yet ainda não
you vós; vos; o senhor, os senhores, a senhora, as senhoras, a senhorita, as senhoritas; você, vocês
young jovem

INDEX

The references are to lessons and the numbered sections in them.